CHIENNE DE VIE, JE T'AIME!

Monique Brossard-Le Grand est née en janvier 1927 à Bordeaux. Fille de médecin, elle perd son père à la veille de la guerre et connaîtra dès lors des années difficiles. Abandonne ses études de médecine à dix-huit ans pour épouser le fils d'un riche industriel normand. S'installe dans le pays de Caux et donne naissance à un fils, un an après son mariage. Connaît des difficultés familiales, et reprend ses études de médecine à l'âge de trente-deux ans après une interruption de quatorze ans. Obtient son diplôme de chirurgien et d'oto-rhino-laryngologiste. Pratique pendant huit ans dans un centre anticancéreux, puis ouvre un cabinet de chirurgie plastique. Pendant les événements du Cambodge, quitte tout pour soigner les réfugiés en Thaïlande. Retour des camps en mai 1980, tombe malade et doit être hospitalisée d'urgence en septembre 1980. Paraplégique pendant trois mois, elle retrouve l'usage de ses membres, mais sa main gauche reste atrophiée, ce qui lui interdit toute chance de réopérer dans un avenir proche.

Carol-Anne de Carolis est née en avril 1954 à Casablanca (Maroc), puis élevée au Zaïre jusqu'en 1968. Retour en France où elle poursuit ses études. Ancienne élève de l'Institut d'Études politiques de Paris, elle décide en 1975 de partir de nouveau à l'étranger. Nombreux voyages dans le continent américain pendant quatre ans, puis retour à Paris où elle épouse, en 1980, un journaliste de TF1. En janvier 1981, elle recueille le témoignage de Monique Brossard-Le Grand.

MONIQUE BROSSARD-LE GRAND

Chienne de vie, je t'aime !

TÉMOIGNAGE RECUEILLI
PAR CAROL-ANNE DE CAROLIS

LE CENTURION

A ceux qui, en me donnant le jour,
m'ont permis de vivre cette fabuleuse
aventure qu'est la vie.

A Alain, mon fils, et Lucienne, ma
sœur, qui m'accompagnent le long
de ce chemin.

A Irène, à tous mes maîtres,
artisans de ma passion, celle
de mon métier.

A tous ceux, connus ou inconnus
qui vont cheminer avec moi
le temps de ces quelques pages

Drouigna

PRÉFACE

La vie est un royaume

La vie est notre seule possession, notre unique royaume. Personne ne peut nous la voler. Celui qui tentera de se l'approprier n'obtiendra dans ses mains que des cendres; car la richesse d'une vie ne réside pas dans un corps moribond mais dans une âme, un esprit, un souffle...

Et, ce souffle, nous devons le protéger contre l'envie et la haine, pour engendrer l'espoir. Car la vie n'a de sens que dans l'amour des autres.

MI-JANVIER 1981. Sur mon carnet de notes, une adresse et ces quelques mots : « MBL, femme extraordinaire... Chirurgien... donne trois mois de son existence pour une mission humanitaire en Thaïlande... fruit de son effort : elle rapporte un virus qui l'immobilise pendant trois mois sur un lit d'hôpital. »

Trois mois de souffrances, contre trois mois d'abnégation dans les camps, c'est vraiment trop injuste! Pourtant aucune révolte chez cette femme qui m'ouvre la porte, au contraire elle apparaît sereine malgré la fatigue qui souligne ses traits. Elle me montre le chemin du salon, je la suis. Sa démarche est encore incertaine, et son bras gauche, inerte, plié sur sa poitrine, semble lui provoquer de vives douleurs. Sans cesse, elle le caresse de sa main valide, comme si ce geste l'aidait à exorciser le mal.

Nous nous asseyons lentement, Monique, sur un canapé de velours mordoré, et moi, sur une chaise d'acajou. Nous sommes face à face, et je la regarde. Pâle, mince, elle paraît vulnérable et fragile : une impression de faiblesse qui contraste étrangement avec la fermeté de son visage.

Une tasse de thé, quelques banalités pour faire connaissance. La lumière douce de cette journée d'hiver, mêlée aux tons chauds des tentures du salon, apporte à notre entretien une ambiance plus intime.

Monique sourit, sa personnalité transparaît dans l'éclat de ses yeux. Un regard amical, chaleureux, qui reflète à chaque instant une intense énergie : « Les nuages de ma maladie ont assombri le soleil de ma peau mais pas celui de mes yeux. » Ces paroles sensibles et poétiques résonnent étonnamment dans cette voix rauque qu'elle laisse échapper à grands coups de cœur et d'espoir; une voix qui se module au gré des sentiments et des impulsions, une voix aux accents chaque fois différents, mais toujours authentiques... Miroir d'une vie : jamais de temps morts, mais de simples arrêts pour reprendre son souffle. « La vie est une course d'obstacles, me confie-t-elle. Il ne faut surtout pas s'arrêter sur un refus. Moi-même, j'ai connu les chutes, néanmoins j'ai persévéré, sautant toujours plus haut. Les réceptions n'en étaient que plus belles! »

Refusant la stabilité et le confort d'un mariage

qui n'était plus heureux, à trente-deux ans, Monique reprend ses études de médecine. Elle passe l'internat et quitte l'aisance pour la difficulté. Après quatre années de clinicat et de spécialisation, elle est nommée chef de service dans un centre anticancéreux. Le salaire est élevé, la retraite assurée : c'est fabuleux! Mais voilà! En 1974, elle décide d'abandonner l'hôpital, la sécurité, pour s'installer en ville et ouvrir un cabinet de chirurgie esthétique. La clientèle ne manque pas, l'argent non plus, mais elle pense que ce « n'est pas possible »; il faut qu'elle aille « là-bas »... Ses amis, sa famille essaient de la retenir. En vain. Elle part en Thaïlande, revient et tombe malade. « Qu'importe, je veux guérir et repartir pour l'humanitaire. »

Ainsi, rien n'est certain mais tout reste à gagner. Quel que soit le moment, dramatique ou futile, Monique Brossard-Le Grand dit : non, refuse la facilité ou la démission. Se battre, toujours se battre... Et surtout croire en son combat.

Son témoignage est une leçon du destin, mais non de ce destin « passif » que l'on subit; au contraire, il s'agit, là, du destin « actif » que l'on guide. Apprendre à refuser les choses comme acquises, non pas seulement par goût de l'aventure, mais aussi, afin de remporter cette victoire sur l'existence dont Monique Brossard-Le Grand parlera tout au long de nos rencontres, tout au long de son livre. Un livre qu'elle n'estime être que le simple message d'un extraordinaire amour entre une femme et la vie.

C. A. DE CAROLIS.

PROLOGUE

VOILÀ, j'ai quitté l'hôpital. Après trois mois d'une maladie douloureuse, l'ambulance m'emporte vers des horizons plus joyeux. Je revois ces rues que je connais si bien : autrefois je les arpentais sans crainte, insouciante de mes gestes, mais maintenant ?

Je me réfugie dans l'appartement d'un ami très cher où j'avais un gîte offert chaque week-end pendant douze ans. Dans ce cadre familier, rien n'a changé. C'est moi qui ne suis plus la même : parce qu'il y a un an, j'ai décidé d'aller soigner un peuple malheureux, le chirurgien que je suis se retrouve un peu misérable avec ses membres malhabiles.

Mes jambes me portent à peine, mon bras gauche douloureux, à moitié paralysé, se prolonge dans une main complètement figée, incapable de s'ouvrir même pour un geste d'accueil. Chaque mouvement quotidien et banal devient un petit drame.

Le téléphone sonne... « Vite, je dois répondre »... mais je ne bondis plus, je dois me préparer à un déplacement long et pénible. Enfin! j'atteins le combiné, et mes malheurs s'effacent. Qu'importent toutes ces difficultés, si j'entends ces voix, celles de l'amitié, celles des autres dont je ne peux me passer et qui s'inquiètent. « Mais oui, ça va mieux, il faut être patient. Opérer? peut-être jamais plus, mais j'espère! » Tout mon destin tient dans ma main gauche... Courageuse, je le suis, mais je sens mes limites.

Mon avenir immédiat dépend de cette « rééducation » qui se profile devant moi comme un film dont j'imagine le dénouement heureux. J'aime imaginer les contes de fées. J'y ai souvent cru et ils existent. Mais la réalité aujourd'hui dans cette grisaille de janvier est loin d'une belle histoire.

La surveillance médicale à laquelle je suis soumise implique ma présence à Paris pour des mois. Ma vie était en province. Il faut que je déménage. Je ne veux plus être à la charge d'un ami qui m'a déjà beaucoup apporté, et, malgré ma fatigue, je me hâte de chercher un nouvel appartement. Mes moyens financiers sont momentanément réduits, et l'espace qui m'est imparti le devient aussi. Je dois choisir les meubles qui me suivront et ceux qui partiront au hangar. Ces meubles qui m'ont accompagnée le long de mon existence, et dont la présence me rassurait. Je garderai cependant près de moi une vieille armoire à quatre portes qui ne m'a jamais quittée depuis mon enfance. J'ai l'impression d'être un rescapé d'une terrible inondation qui n'a pu sauver du désastre qu'un petit lambeau de souvenir.

L'amertume d'un désespoir naissant trouble ma volonté et implore ma pitié. J'ai envie de me plaindre et de me révolter. Décidément mon taux de malheur s'accroît trop rapidement en proportion de mon bonheur.

Mon goût de la vie devient plus restrictif, pourtant cette journée avait bien commencé. Ce matin au réveil, oubliant mon handicap, je m'étais levée d'un bond pour me retrouver face contre terre à la suite d'une chute brutale au pied du lit. Je ne savais que faire. Pleurer? j'hésitais. Et puis non, j'étais partie d'un énorme éclat de rire, car mes réflexes étaient ceux d'une femme normale, c'était donc excellent!

L'évocation de cette matinée entamée sous d'heureux auspices ébauche en moi des pensées plus joyeuses. Mon enthousiasme, un instant ébranlé, secoue le joug de mon infirmité. Surtout ne pas s'abandonner à une inertie complaisante, mais bâtir une réalité attirante : redevenir demain une femme d'action!

J'ai honte de ma faiblesse et de ces larmes stériles qui m'ont fait oublier la beauté du monde qui m'entoure. Je compare ma condition à celle des autres, et mes problèmes disparaissent devant les souvenirs tragiques qui s'imposent à ma mémoire. Les réfugiés, le total dénuement dans lequel ils se trouvent, leur courage aussi, minimisent puis anéantissent mes préoccupations quotidiennes. Tout d'un coup, mon drame me semble dérisoire en comparaison de l'importance de l'expérience que j'ai vécue en Thaïlande.

Assise sur le canapé moelleux du salon, je repense à Sakaeo, aux camps khmers qui bordent les frontières, aux enfants qui sourient derrière les barbelés. Autour de moi, s'étalent les photos du camp, témoins silencieux de mon passé humanitaire. Ce que j'ai appris là-bas, ce que j'ai découvert aussi, je ne l'oublierai jamais. Ma maladie n'est qu'un accident de parcours. Elle laissera peut-être des cicatrices sur mon corps mais ne déposera aucun stigmate sur mon cœur. Car celui-ci est à jamais marqué d'une trace indélébile, d'un tatouage sacré rapporté des camps, et qui m'a aidée à dépasser mes difficultés présentes, pour donner à ma vie une dimension nouvelle.

Rassemblant ces images éparses dans mon esprit, je revois la mission que j'ai accomplie il y a quelques semaines, quelques mois, je ne sais plus! c'est encore si proche...

Mes souvenirs plongent dans l'espace et le temps pour faire revivre un passé que j'aimais.

Mes yeux se ferment, une douce nostalgie m'envahit, et lentement, je me souviens...

LES RÉFUGIÉS DU BOUT DU MONDE

IL était une fois, perdue dans le parc fleuri d'une vieille demeure bourgeoise de la douce Aquitaine, une petite fille qui se révoltait contre l'injustice des grandes personnes. C'était l'époque de l'occupation, de la condamnation du peuple juif.

A l'école ses petites camarades portaient une étoile jaune, et l'enfant se demandait : « Pourquoi fait-on du mal aux juifs? Pourquoi les autres ne font-ils rien? » Trop petite pour agir, trop jeune pour comprendre, la fillette s'était juré, dans l'innocence de ses dix ans, qu'un jour elle vengerait le monde de la misère des hommes...

Depuis, le film a tourné pour se fixer sur un gros plan : un visage de femme tourmenté devant des scènes terribles. Ses yeux suivent la procession, hagarde et gémissante, d'êtres humains torturés, humiliés ou traqués; d'enfants au regard sombre rongé par la faim et l'horreur. Elle a vu ce nouveau massacre et elle l'a refusé. Elle a pensé : « Je veux aider les Khmers car c'est un génocide. » Ce génocide qu'elle avait dans la tête depuis l'âge de dix ans.

Aider ceux qu'elle n'a pu secourir autrefois, se venger sur l'histoire en refusant l'oubli.

« Est-ce le hasard, est-ce le destin... » Si ce soir-là, exténuée par une longue journée de travail, je me reposais devant mon poste bienfaiteur; si à cette heure précise le journal présentait un film sur le Cambodge, enfin, si d'un seul bond mon esprit s'est figé : « Il faut que je parte là-bas, dans les camps, pour aider ceux qui n'ont rien ni personne. »

Ironie du sort : un geste routinier et banal, accompli chaque soir à la veillée par des millions de Français, deviendra pour moi une véritable révélation. Comment aurais-je pu penser que de m'étaler sans grâce devant une télévision m'entraînerait dans la plus folle aventure de ma vie? Bien sûr l'idée de m'engager dans la croisade humanitaire m'avait déjà incitée à effectuer des recherches en vue d'un éventuel départ. Mais ce nouveau drame avait marqué mon cœur d'une trace plus profonde, se dressant devant ma conscience comme un ultimatum.

Les malheurs du monde ne me laissent jamais indifférente, pourtant je ne fais rien pour les combattre en dehors du cadre de mes habitudes.

En tant que médecin, je soigne les malades, en tant que chrétienne je m'occupe des autres, en tant que femme j'aime ceux qui me respectent.

Le temps passe, ma vie prend un aspect harmonieux, sur le plan professionnel comme dans le domaine affectif. Chirurgien plasticien, j'ai une clientèle régulière, des collaborateurs sympathiques. La clinique dans laquelle j'opère est agréable, mon appartement confortable. Sentimentalement épanouie grâce à Jean-Pierre, mon ami, je partage mes jours entre Paris et R... dans un équilibre paisible. Mais tout est trop parfait; l'ennui naît de la perfection. Il est impensable que je termine mon existence dans ce confort ouaté : je dois dès maintenant changer le rythme des saisons! Quitter temporairement le travail, mes amis et le sport, pour me rendre utile là où la misère me semble plus rude.

Ma démarche commence en 1978 lorsque je contacte « Médecins sans frontières ». Cet organisme m'attire par les actions qu'il mène à travers le globe, peut-être aussi par son nom dont le symbole est à mon image : moi-même médecin, je ne veux plus de frontières. Mon premier entretien avec ce groupe est excellent. Malheureusement les missions au Nicaragua pour lesquelles je postule sont complètes. Ensuite, il est question de m'envoyer en Erythrée, mais ce projet se noie dans la brume de l'indécision.

Déprimée devant l'inutilité de mes efforts, je poursuis mes activités quotidiennes sans grande conviction. Mon fils, me voyant attristée par cet échec, tente de me redonner courage en lançant une de ses idées folles dont il a le secret : « Ecoute, Matouse, pourquoi veux-tu absolument quitter une atmosphère aussi agréable, pour te jeter dans la tourmente de conflits qui te sont étrangers? Que vas-tu faire là-bas? Crois-tu vraiment que tu changeras le monde? Pense donc plutôt à toi. Je t'offre un voyage fabuleux qui satisfera ton goût de l'aventure : les rapides du Colorado en bateau pneumatique! Qu'est-ce que tu en penses?... » Résignée, j'accepte cette solution pour me consoler de mes attentes stériles. Au fond, il n'a peut-être pas tort, cet intermède USA me fera du bien.

Juillet 1979 : me voilà propulsée dans un Paris - New York - Denver. L'été américain brûle à son zénith. J'arrive à New York, étouffant sous la chaleur humide. Puis fuyant la fournaise moite des grands buildings inanimés, je m'enfonce dans l'Amérique profonde pour descendre les fameuses chutes du Colorado. Mon esprit cascadeur se défoule dans ces périlleuses virées en canoë, en attendant de découvrir des émotions plus fortes, celles qui me feront tout quitter. Frustrée de ne pouvoir aider les autres malgré moi, je dépense ma joie de vivre sans compter, fascinée par ce paysage lunaire aux couchers de soleil somptueux. Je me grise de sensations faciles, et m'exalte au contact de la « Folle Amérique ». J'apprends *the American way of life* autour d'un feu de bois folklorique. Entourée de mes nouveaux amis, qui se transforment avec la nuit en cow-boys de fortune, je déguste avec gourmandise des *mush-mellows*, roussis dans la chaleur des flammes.

Pendant un mois, j'ai oublié mes aspirations profondes pour jouir de cet univers fascinant, impressionnée par la sincérité américaine si éloignée de l'esprit français. De retour à R... je me sens différente, riche de cet apport vivifiant que peut être l'image d'un pays neuf.

Nos préoccupations me paraissent trop étroites, mon âme est celle d'un conquérant prêt à embarquer vers des terres inconnues.

Ainsi, reprenant la genèse de mon histoire, je prends conscience de la diversité des données qui ont influencé mon engagement humanitaire. Tout d'abord, je rentrais des Etats-Unis, troublée par l'esprit pionnier et innovateur du peuple américain. Ensuite le désir inassouvi que j'avais de vouloir aider les autres devenait plus pressant. Enfin le souvenir du martyre juif renaissait à la surface de mes regrets. Or, tous ces sentiments, ces impressions et ces remords, se sont confondus un soir de septembre lorsque j'ai vu sur l'écran les souffrances du peuple cambodgien. Et cette rencontre entre une réalité tragique et le bouleversement qui agitait mon esprit a déclenché en moi un phénomène surprenant : la volonté farouche et irrémédiable de participer à la sauvegarde des rescapés du génocide.

Chaque prise de décision correspond à un ensemble d'éléments qui s'étalent dans le temps. Il suffit d'une étincelle du présent pour les faire jaillir de notre mémoire. Mon départ pour les camps représentait le point de jonction entre la suite logique de mon action passée et le cours sinueux de mes espoirs futurs.

C'est ainsi que mon destin fut tracé au crépuscule d'une journée sereine et sans surprise, quand enfouie dans les coussins de mon vieux canapé, j'ai réagi violemment face à l'affreux dénuement des réfugiés khmers.

Quel contraste! j'ai tout et ils n'ont rien! Comment puis-je supporter cette situation? C'est insoutenable. Je m'assoupis dans une existence tranquille pendant que la terre continue de tourner. Décidément, ce calme me pèse trop, il faut absolument que je fasse quelque chose...

Rien ne me retient : mon fils est élevé, je subviens à mes besoins, je suis libre de choisir mon avenir. Bien sûr il y a la clinique : « Une clientèle, c'est sacré, on ne peut pas l'abandonner plusieurs mois », s'exclament mes confrères. Autour de moi mes projets sont pris pour des fantasmes – remettre en question une vie bien organisée pour s'expatrier dans un climat malsain au milieu d'épidémies. A cinquante ans, c'est délirant! Et pourtant je partirai, j'en suis sûre, je le veux. Je trouverai un remplaçant pour s'occuper de mon cabinet.

Je ne dévalorisais pas mon métier en fuyant mes habitudes d'autrefois, mais j'avais l'intuition d'un malheur plus grave quelque part dans le monde pour lequel je pouvais apporter quelque chose de bon.

Mon choix était donc fait, définitif et sans appel : j'irai dans les camps, je me joindrai au grand combat humanitaire.

Cependant, la bonne volonté ne suffit pas pour être sacrifiée au temple de l'humanitaire. Le volontariat se mérite. Pour obtenir un droit d'entrée dans l'enceinte sacrée des organisations internationales de bien public, il faut prouver son efficacité. La qualification professionnelle est un premier critère : médecins, infirmières sont généralement accueillis favorablement. Pourtant ce premier critère n'est pas unique. Il faut également faire preuve d'enthousiasme, d'intégrité morale et de résistance physique. Enfin, et surtout, il est nécessaire que la participation du candidat soit réellement utile. Dans certains pays où la misère stagne, une pléthore de personnel soignant muni d'un équipement sophistiqué s'avère moins nécessaire qu'une petite équipe bien préparée aux conditions d'un terrain souvent accidenté.

Ma démarche n'est donc pas facile, j'en avais fait l'expérience à la suite de mon échec avec « Médecins sans frontières ». J'avais reçu à leur contact une leçon d'humilité : ma volonté représentait moins que le besoin qu'ils avaient de mes services.

La disponibilité est la première qualité du futur missionnaire; je l'ai appris à mes dépens lors de mes recherches passées. Mon idéalisme fougueux doit s'adapter aux lois positives du marché de la

Bonté. Je persévère donc dans mes projets mais avec plus de réalisme, en glanant le maximum d'informations sur les organismes susceptibles d'utiliser mes capacités.

C'est alors qu'un ami offre de me présenter à des membres de la Croix-Rouge : « Peut-être ont-ils besoin de gens comme toi, tu devrais les appeler à Genève, ils t'aideront certainement. »

La CROIX-ROUGE! Comment ai-je pu oublier cette institution, pourtant mondialement connue, qui de Solférino à nos jours a su dans un siècle de haine et de guerre préserver un idéal de fraternité! Des liens sentimentaux me rattachent à cet étendard blanc marqué d'une croix d'amour, symbolique inversion du drapeau suisse, qui flotte dans mes souvenirs de jeunesse.

Au cours de mes premières années de mariage, des voyages réguliers à Genève m'avaient familiarisée avec ce grand bâtiment sans âge qui domine la ville, avenue de la Paix. D'autre part, ma belle-mère, présidente de la Croix-Rouge de sa région, m'avait remis un opuscule d'Henry Dunant, qui avait enflammé mon imagination d'adolescente. Solférino, les guerriers mourant dans la puanteur, les brancardiers sans peur qui se précipitaient dans la poudrière sanglante pour sauver un reste d'humanité. Fascinée par l'éthique de ces hommes qui risquaient leur vie pour le respect de leurs principes : « Impartialité, neutralité, indépendance et universalité », j'espérais un jour participer au maintien de leur œuvre. Le moment était venu, j'allais rejoindre le héros de mes vingt ans.

Septembre 1979, j'appelle à Genève le C.I.C.R. (Comité international de la Croix-Rouge). Une opératrice me répond : « C.I.C.R., qui demandez-vous ? » « Le service mission... » Je suis connectée à une charmante voix au léger accent suisse qui m'explique comment s'organise le recrutement du siège, et qui termine son exposé sur une note pessimiste : « Pour entrer chez nous, il faut être de nationalité suisse. Malheureusement, comme vous êtes Française, nous ne pouvons rien pour vous. Adressez-vous à votre Croix-Rouge nationale. »

Un nouvel obstacle à surmonter ! Mais depuis quelques mois je connais la valeur de la patience. Loin de me décourager, je joins, le lendemain, la délégation française. Un autre appel, une autre attente, mais toujours le même espoir. J'obtiens le responsable des missions, je décline mes nom et qualités, selon la formule rituelle, puis j'attaque : « Ecoutez, je suis prête à partir quand vous voulez, où vous voulez, y a-t-il un départ prévu prochainement ? » Effectivement, un avion s'envole pour la Thaïlande en fin de semaine. « Malheureusement (décidément ce mot me poursuit) l'équipe est complète, on ne peut rien vous proposer pour l'instant.

– Ce n'est pas grave, j'attendrai la relève. »

Alors, j'ai compris la valeur de l'attente : quatre mois ce n'est pas évident quand on a un tempérament « fonceur ». Mais à quoi bon les harceler d'appels et de réclamations. S'ils refusent des gens, ce n'est pas par mauvaise volonté, mais uniquement pour éviter d'encombrer ou de dérouter le système. L'essentiel est de ne pas s'imposer, mais de rester « en état de disponibilité ». Pendant ce temps, j'accomplis toutes les formalités administratives nécessaires. Compléter un dossier n'est d'ailleurs pas une entreprise facile. En effet, le bureau de Paris m'a avertie que je recevrai dans les plus brefs délais une série de papiers à remplir et à renvoyer par retour du courrier.

Trois semaines se sont écoulées depuis mon appel et je n'ai rien reçu. Etonnée, je reprends contact : « Madame, les formules ne me sont pas encore parvenues! – C'est étrange, nous vous les avons envoyées il y a quinze jours, je vous renvoie tout ça demain. »

Le lendemain, et les jours suivants, rien n'arrive. Un mois passe. Agacée, je réitère ma demande. « Comment! vous ne les avez toujours pas reçues? C'est incroyable, on vous a pourtant transmis plusieurs exemplaires. »

La Poste ou le destin s'interposeraient-ils contre mes projets? Défiant le hasard, je me déplace jusqu'à Paris pour chercher les précieux documents : la persévérance est souvent récompensée...

La personne qui me reçoit, impressionnée par mon acharnement, m'interroge sur mes motivations : « Pourquoi tout abandonner pour la Thaïlande? » Je lui explique, tout en essayant d'exprimer sans violence cette révolte sourde qui s'emparait de mon esprit et qui ne s'apaiserait qu'au chevet de la misère : « Vous savez, mademoiselle, ce n'est pas uniquement le désir de me rendre en Thaïlande qui me pousse à agir de la sorte. Pour moi, c'est un moyen de résister à l'inertie du monde face au génocide du peuple cambodgien, du peuple juif, de toutes les races crucifiées par l'ambition des hommes. Croyez-moi, la Thaïlande n'est pas une obsession. Je suis prête à accepter n'importe quelle destination. Peu importe le lieu, pourvu que je sois utile. Seul le résultat compte. »

Malgré mes explications, on me comprend mal. Pourquoi cette femme de cinquante-trois ans, bien dans sa peau, parfaitement installée, veut-elle tout remettre en question pour une aventure temporaire et peut-être dangereuse? Mon interlocutrice reste perplexe, pendant que je remplis mon dossier avec célérité. « Finalement, commente-t-elle, vous êtes un cas original, nous avons peu de candidats ayant votre âge et votre assise professionnelle, qui décident de tout “ plaquer ” pour une mission, fût-elle de trois mois. » L'entretien se conclut alors sur une note positive : « Prévoyez encore quelques mois d'attente, mais je vous le promets : nous ne vous oublierons pas. »

Ma patience commence à se faner. Deux mois déjà depuis mon premier appel, deux autres mois s'écouleront encore avant d'être réquisitionnée pour l'humanitaire.

Comme les miracles sont rares, je décide d'aider ma chance en m'adressant à un ami, chef d'une délégation départementale de la Croix-Rouge : « Allô, monsieur D...? j'ai besoin de votre aide, je veux partir comme chirurgien pour la Thaïlande »... Et je lui raconte tout... « Je suis sûre que vous me prenez pour une folle! »

« Oh! pas du tout, je vous connais bien, et d'ailleurs si je pensais cela, il y a longtemps que je vous aurais interrompue. Vous voulez partir en Thaïlande? Vous irez. Je sais trop que, lorsque vous avez quelque chose dans la tête, rien ne peut vous faire changer d'avis. Je vais vous aider : ceci m'est d'autant plus facile que le président de la Croix-Rouge française est un de mes amis. Je lui écris dès ce soir. »

Huit jours plus tard, un courrier m'annonçait un rendez-vous rue Quentin-Bauchart à la société nationale. Reçue avec une grande courtoisie par le président lui-même, celui-ci me confirme son soutien : « Nous penserons à vous dès que possible. » La ronde des démarches administratives est terminée, je sais désormais que je recevrai bientôt mon visa pour l'humanitaire.

Je prépare donc ma mission, me mettant en quête d'un remplaçant pour ma clientèle. Tout est en place. En décembre, le rapatriement d'un chirurgien laisse un poste vacant à la frontière cambodgienne. On me prévient : « Prévoyez votre départ pour la Thaïlande en février. »

Enfin, le moment tant imaginé se concrétise. Mes fêtes de fin d'année s'illuminent d'illusions étincelantes comme un arbre de Noël : je suis heureuse, le cœur gonflé de joie et la tête pleine de rêves.

Une nouvelle année commence dans l'excitation des veilles de campagne. La Croix-Rouge me confie une liste d'affaires à emporter. Fébrilement, je me prépare, ajoutant dans les cantines quelques idées de mon cru : telles que des punaises, de la ficelle, des convertisseurs de prises américaines en prises européennes, des accus rechargeables pour un magnétophone et quelques cassettes d'Yves Duteil et de musique classique. La mentalité du médecin missionnaire pénètre sans effort la cuirasse de mes habitudes.

Le temps, qui s'écoulait si lentement il y a quelques mois, passe désormais trop vite. La vision de mon départ m'effleure comme une caresse, quand tout à coup la sonnerie du téléphone me tire de mon rêve pour me replacer dans une réalité moins douce. C'est un appel de Paris me demandant de rejoindre immédiatement le quartier général : « Ils se battent sur le front, on a besoin de vous. »

Mon rêve bascule et mon assurance vacille face

aux accents presque impérieux de cette convocation. Quitter en un instant le confort d'une vie! Un mélange de plénitude heureuse et d'angoisse étreint mon âme : l'aventure humanitaire est amorcée.

Mes dernières consultations données, j'attrape mon passeport, mes bagages et roule vers Paris. Une route que je connais trop bien et que je ne vois plus, seul le but m'importe. J'arrive au siège, brûlante de fièvre. L'exaltation du départ a décuplé les réactions d'un vaccin subi la veille. Le mal ne me retient pas. Je m'envole dans trois jours vers un destin inconnu, mes sacs sont pleins, tout est inclus, même les épingles doubles!

Décidément, la malchance me colle à la peau. C'était une fausse alerte. « Ce n'est que partie remise. » Sans doute, mais je suis très déçue. L'état de tension dans lequel j'étais depuis quelques jours ne me soutient plus, mon énergie défaille. De toute façon, je n'ai plus le choix, il faut continuer le combat : un an d'espoir ne sera pas détruit par un contrordre. Je reprends mon travail, persuadée de repartir bientôt.

Mon entourage s'étonne. Pourquoi cet entêtement? « Tu te rends malheureuse. Profite de ton travail à R... Tu es ridicule de risquer ta carrière sur un coup de tête. Tu ne te rends pas compte. Tu as un cabinet qui marche bien, une clientèle qui te connaît et qui t'apprécie, et tu veux te jeter dans cette poudrière...» Poudrière? Je pense à Solférino et je reprends courage. Mon organisation de veille de campagne se maintient. Mes patients connaissent mes projets : soit je les inscris dans mon programme au risque de ne pouvoir les opérer avant le début de ma mission, soit mon remplaçant les soignera.

Début février, l'appel définitif est lancé; c'était un vendredi : « Cette fois, nous ne vous ferons pas faux bond. Vous prenez l'avion mardi prochain pour Bangkok. » Nouveau bonheur, nouvelle angoisse. La situation reste tendue à la frontière, on s'y bat. Et si je me faisais tuer? Cependant je refuse de sombrer dans un apitoiement stérile. L'idée de mon départ me calme, et l'enthousiasme renaît quand je reçois mon billet. Enfin je vais partir!

En quittant le bureau de la Croix-Rouge, mon espoir trop longtemps contenu éclate en une pluie de sensations joyeuses. Une envie folle de partager mon bonheur me porte vers une cabine téléphonique : « Allô, Jean-Pierre, je vais faire de la chirurgie de guerre, de la vraie! » Tout en parlant, mes yeux fixent une vitrine reluisante de fourrures exotiques. Contraste saisissant entre une vision de luxe et de futilité et un dialogue qui s'ouvre sur un monde de pauvreté et de dénuement.

Pourtant j'aime ces manteaux superbes qui procurent une chaleur si douce, mais la vraie beauté, j'en suis sûre, se trouve dans les camps : j'abandonnerai sans regret un confort trop factice.

Ma dernière soirée se passe chez Jean-Pierre qui met tout en œuvre pour me retenir.

Tandis que la table est dressée, offrant foie gras et champagne, il me parle de maladie, de mort et de torture. La torture? je n'y avais pas pensé, l'idée me panique. Mon corps résiste mal à la douleur, mon imagination m'entraîne dans des chemins sordides. Demain je serai à Bangkok, mais aujourd'hui j'ai peur. J'en veux à Jean-Pierre d'avoir soulevé en moi ce sentiment sans gloire.

L'inquiétude monte et serre mon cœur comme un étau. Je suis quand même anxieuse de quitter tout ça pour une aventure dont je ne connais absolument pas le dénouement. Trop tard pour reculer. J'appelle un ami général, un ancien d'Indochine. Lui seul trouvera les mots pour me réconforter :

« Ecoute, Monique, m'explique-t-il, on a tous connu ça les veilles de campagne, tu verras, demain tu n'y penseras plus. » Sa voix me rassure. C'est vrai, demain sera l'embarquement le plus merveilleux de mon existence; ce soir je dois dormir pour concentrer mes forces.

Le matin, je me lève et m'habille fébrilement d'un jean et de tennis. Mes sacs s'alignent devant la porte. Encore un dernier effort pour y croire vraiment.

Ultime passage à la Croix-Rouge où mes doutes disparaissent au contact de rapatriés qui me supplient de faire passer quelques paquets...

Ma mission commence à Paris, dans le regard confiant de ces Cambodgiens qui me désignent comme le messager de leur bonheur perdu. Je mesure l'importance de ma tâche en emportant dans mes bagages l'espérance d'un peuple déchiré.

L'avion vient d'atterrir sur la piste brûlante de l'aéroport de Bangkok. Emue, je m'attarde un instant sur la passerelle, grisée par le tourbillon de sentiments qui assaillent mon esprit. La Thaïlande, terre de prédilection involontaire pour des milliers de réfugiés, devient pour moi l'eldorado de mon enfance. Une impression de plénitude m'envahit, comparable peut-être à la sensation des émigrants d'autrefois lorsqu'ils apercevaient dans la brume du matin la silhouette trouble d'une statue, celle de la Liberté. Mais moi, je ne fuis pas un monde hostile, je ne cherche pas à faire fortune. Mon mirage est d'une autre nature.

La moiteur des étés tropicaux m'accable, je suis très lasse. Personne n'est venu m'accueillir et mes deux gros sacs paraissent plus lourds qu'à Paris. Fatiguée par le voyage et la lourdeur du climat, je décide de passer à l'hôtel pour me rafraîchir et me changer. L'eau me purifie d'une nuit sans sommeil, la fraîcheur des vêtements propres estompe les effets de la chaleur. C'est en tenue stricte que je rejoins la délégation, blazer et jupe bleu ciel, mon uniforme de soldat de la Paix.

Le taxi qui m'emporte vers mon nouveau destin se perd dans le dédale infini des ruelles de Bangkok. Il cherche longtemps sa route avant de me conduire au quartier général, une petite rue, une impasse au fond de laquelle se trouvent des bâtiments de bois préfabriqués. Sur l'herbe, des bagages, des gens qui bavardent en anglais ou en scandinave. Des Canadiens me conduisent auprès du coordinateur médical : c'est un Suisse. Fière de mon petit badge Croix-Rouge française, je lui offre ma disponibilité pour trois mois, là où il veut, pour la tâche qu'il me désignera. On me remet un badge CICR, et je l'échange avec le mien. Ce symbole, les quelques mots que nous avons échangés m'ont beaucoup émue : j'ai senti à cet instant, pour la première fois, que ma vie allait prendre une autre dimension : j'allais participer, bien humblement, à une action humanitaire de grande envergure.

Quelques formalités de dernière minute à remplir; le dénouement approche. Telle une novice entrant en religion, j'abandonne dans les coffres de la communauté les ultimes liens qui m'unissent à une société matérialiste, que je vais renier pendant trois mois. Mes bijoux et mes travellers sont mis sous clef. Ce dépouillement prend à mes yeux la valeur d'un rite sacré qui me prépare à une aventure merveilleuse. Le mirage des camps se précise.

Le car de la Croix-Rouge m'emporte, entremêlant mes bagages et mes rêves sur les pistes chaotiques de la campagne thaïlandaise. Fascinée par le paysage qui se déroule à fleur de route, je découvre les rizières jaunies par la poussière, les buffles assoupis dans la chaleur ocre des étangs et les maisons de bois dressées sur pilotis. Après trois heures de trajet, nous arrivons au village de Sakaeo. Des bâtisses plantées sans grâce de chaque côté d'une route goudronnée, une foule grouillante, des gens affairés, des pousse-pousse. Un petit marché ouvert offre des monceaux de fruits qui me sont inconnus. Plus loin à droite, j'aperçois la délégation, lieu privilégié entre tous, protégé là aussi, comme partout dans le monde, par le drapeau de la Croix-Rouge.

Deux vieux broussards de toujours, l'un radiologue, l'autre colonel en retraite, me réceptionnent aimablement à la descente du car. Mon aspect détonne dans cette ambiance de brousse. Habillée d'une robe légère et de sandales trop fines pour ce terrain pierreux, je traîne avec moi un pauvre bouquet de roses. Quelle idée saugrenue m'a poussée à acheter ces fleurs, qui maintenant penchent tristement leurs têtes, sorte de protestation silencieuse contre le mauvais traitement que je leur impose. Mes hôtes s'étonnent de ma présence dans un endroit aussi reculé. Je leur explique la raison de ma venue, au cours d'un déjeuner très animé par notre curiosité réciproque.

Pendant le repas, je ruisselle de chaleur et m'éponge à l'aide d'un rouleau de papier toilette rose, négligemment posé sur le bord de la table. Coutume très insolite pour nos habitudes européennes : comment faire bon usage de ce précieux papier? Au début, j'en prends très peu par discrétion, puis voyant la consommation impressionnante de mes hôtes, je termine le rouleau avec mon déjeuner, vaincue par l'humidité environnante.

Avant de nous rendre au camp, nous déposons mes sacs dans une maison qui se trouve non loin de là, à quelques kilomètres. Le suspense se prolonge, les camps sont si proches! mais, bien qu'impatiente, je ne me plains pas.

Ma nouvelle demeure me convient parfaitement, avec ses murs de bois et ses petites chambres séparées par des cloisons légères. Si les Thaïs vivent tous dans la même pièce où il n'existe pas de séparations, les Occidentaux sont trop individualistes pour supporter une telle promiscuité. Pour les besoins de la Croix-Rouge, des divisions ont été aménagées. La chambre qui m'est réservée n'a pas de fenêtre. C'est un réduit meublé très succinctement d'un lit de camp recouvert d'un matelas aplati par des nuits sans sommeil et d'un oreiller dur comme du marbre. Cette sobriété me comble de satisfaction.

Rémy, le radiologue, me prouve sa souplesse en m'apprenant comment se glisser subrepticement sous ma moustiquaire : rires, détente, chaleur. « L'essentiel – me dit-il – c'est d'entrer dans ton refuge sans être accompagnée d'un moustique. Sinon c'est l'enfer! » Ses contorsions m'amusent, j'essaie de l'imiter, mais décidément, l'initiation au rite de la moustiquaire doit être suivie de répétitions!

Je me sens bien dans cet univers fruste. Pourtant Rémy éveille en moi un certain malaise quand il me met en garde sur l'avenir de ma mission : « Les gens qui ont plusieurs mois de terrain n'acceptent pas que des nouveaux venus leur donnent des ordres. Les membres de ta future équipe t'admettront mal : tu es une femme et en plus tu remplaces un chirurgien qui était très apprécié. Mais surtout ne te laisse pas impressionner, l'important est d'accomplir ta mission et tu y arriveras. »

Alors j'ai serré contre moi mon bouquet de fleurs fanées et, assise à califourchon sur la moto de Rémy, nous sommes partis vers les camps dans une pétarade enfumée. Le chemin est rude, l'équilibre incertain, mais je sonde l'espace pour trouver mon mirage : il se précise au loin, devant mes yeux troublés par l'horizon blanchi de nappes lumineuses.

Progressivement, le ciel entrouvre ses rideaux de brume pour offrir en spectacle une réalité déchirante. Un univers de barbelés s'étire à l'infini, encerclant de son étreinte de fer une multitude de paillotes brûlées de soleil et d'espoir. La poussière obscurcit mon regard, pourtant je perçois avec beaucoup d'acuité ces terres arides et pauvres, sillonnées de crevasses sèches et parsemées d'une herbe rare.

Est-ce une prison d'acier ou un havre de paix pour ces 30 000 rescapés de la mort? L'armée thaï surveille l'enceinte, cerbère pacifique, qui ouvre les portes de l'enfer à coups de tampons et de signatures administratives. Les allées et venues sont inscrites sur un livre. J'ai l'impression d'être en liberté provisoire. Pour entrer, je donne mon nom et mon heure d'arrivée. On vérifie la validité de mon badge. Enfin je pénètre dans un monde étrange où misère et joie de vivre se disputent la place. Mon mirage disparaît, et la vérité me saisit.

Ils sont des milliers d'hommes, de femmes et d'enfants qui s'affairent autour de moi. Où vont-ils? Que font-ils? Qu'importe! ils sont vivants et bien nourris. Hypnotisée par cette foule active d'adultes, de jeunes et de petits, je trébuche sur les images tragiques qui m'avaient horrifiée en septembre dernier. Aucun symptôme de dénutrition ou de malformation dues à de mauvais traitements. Une multitude sombre, mais qui ne dégage pas d'impression de tristesse. Le va-et-vient incessant égaie au contraire un environnement un peu rude. Les enfants courent dans les chemins en criant « Hello, byebye », tendant la main pour un bonbon ou une caresse. Ils ont les joues pleines, le rire facile; ils s'épanouissent comme des plantes sauvages. Ce qui me frappe, c'est l'absence de vieillards. Ils sont tous morts emportés par la guerre, la privation ou de trop longues étapes. Ici la vieillesse commence à quarante-cinq ans. Je crains d'être la doyenne du camp!

Je m'enfonce dans la forêt de paillotes qui recouvrent le sol. Des enfants intrigués me suivent tout en poussant des boîtes de poisson séché qu'ils ont montées sur un morceau de bois. Je traverse des parcs de jeux où des gamins s'ébattent. Ils glissent des toboggans ou sautent des tremplins en riant aux éclats. Je longe des chemins de terre où des femmes accroupies, le visage éclairé par un feu de bois naissant, préparent dans une marmite la nourriture du jour : riz et légumes composent l'essentiel du repas. D'autres, les mains plongées dans une terre fraîchement grattée, tentent d'arracher à la nature quelques pousses de soja. D'origine rurale pour la plupart, les réfugiés ont reconstruit leurs habitudes d'antan, faites de simplicité et de travail austère.

Les hommes participent à des travaux de construction. Sous la férule de l'armée thaï, ils quittent leur zone de prescription pour ramasser des feuilles de palmier et couper des bambous, afin de créer quelques logements pour les nouveaux arrivants. Certains, plus ambitieux, ouvrent même « boutique » : coiffeur, tailleur, artisans de tout poil reprennent leur métier. La plus grande force de l'homme est sa faculté d'adaptation : ce camp en est le plus bel exemple. Comment un peuple massacré, martyrisé pendant des années, a-t-il pu en quelques mois retrouver un dynamisme tel, qu'il a recréé dans des conditions extrêmement rudes un soupçon de l'atmosphère de son passé ? Grâce à l'aide humanitaire, mais surtout grâce à leur volonté farouche, ils ont survécu à la haine, et leur présence ici est leur plus belle leçon de courage.

Je retrouve enfin l'allée centrale, les Champs-Elysées du camp de Sakaeo, sur lesquels courent des tuyaux d'adduction d'eau. Mes accompagnateurs qui m'avaient laissé vaquer à mon émerveillement me rattrapent au passage pour me conduire à la zone des « wards ».

Le CICR a monté avec d'autres organismes un système sanitaire très complet, à l'image d'un petit hôpital de province. Chaque ward représente un service médical spécialisé. Il y a le ward de pédiatrie rempli de nourrissons, des wards de médecine générale, d'obstétrique... et enfin le ward chirurgical dont je partageai la responsabilité jusqu'à l'expiration de mon visa.

Avec un peu d'appréhension, je pénètre dans mon nouveau royaume. Le sol jonché de gros graviers crisse sous nos pas. Je me fraie un passage entre des lits de camp recouverts d'une fine natte de paille, sur lesquels gisent des hommes souvent jeunes, récents blessés de guerre. Au plafond, grossièrement accrochés, pendent négligemment les dossiers des malades. L'atmosphère est agitée par l'incessant défilé des visites, parents ou amis des alités qui animent la salle de leurs conversations. Des rayons de lumière dansent sur les visages, transperçant doucement les murs de paille tressée. Les wards sont également confectionnés avec les matériaux locaux. Seule, une bâche en plastique bleu « dur » fausse ce décor naturel; jetée sur une couche de feuilles séchées, elle forme un écran efficace contre les attaques cruelles du soleil ou de la pluie.

L'ambiance chaleureuse de cet hôpital de brousse contraste avec la froideur relative de l'équipe médicale. Un chirurgien et deux infirmières me font visiter en silence le bloc opératoire. Construit en contre-plaqué et doté d'un climatiseur, le bloc est, avec la radio, le seul témoin de notre société occidentale dans cet environnement totalement écologique. Sur la gauche, la salle d'intervention s'ouvre sur le carré des infirmières, protégé par un auvent; dans le prolongement de droite se trouve la radio.

Maintenant, je connais les lieux, mais qu'en est-il des hommes? Je les sens hostiles. Ils répondent à peine à mes questions; seule une jeune infirmière blonde accepte mes pauvres fleurs avec un sourire accueillant. Le premier contact est difficile, on m'avait prévenue. Cependant j'essaie de « briser la glace » en leur demandant quelles sont les « habitudes de la maison ».

« En général, j'opère tôt le matin, mais si vous préférez un autre rythme, à votre gré. » L'usage voulait que l'équipe procède à la visite des malades avant d'opérer. Je respecterai ce rite; visites en début de matinée, interventions plus tard.

Mon inspection terminée, je quitte le ward légèrement déçue par l'attitude de mes futurs collaborateurs. Pourtant je ne veux pas gâcher ma mission par de futiles impressions, seuls les malades et les blessés retiendront mes pensées : le reste n'est que puérilité.

Perdue dans mes réflexions, je rejoins Rémy qui se sépare tristement de ses malades : son départ est prévu pour demain. Emu, il me tend un petit mot qui était épinglé sur la porte de la salle de radio. Je le lis lentement, bouleversée par le magnifique témoignage d'amour contenu dans ces quelques lignes :

« Cher Rémy, ce jour-là c'est le dernier jour de votre mission, je n'ai aucun souvenir pour vous, vous êtes un grand docteur, vous avez de la bonté et de la charité envers moi, ma nation vous remercie et je jure de ne jamais l'oublier », écrit en français par les malades du ward... Ce message de gentillesse me réconforte et me confirme dans l'image merveilleuse que j'ai de notre action.

La nuit tombe, nous retournons à la maison de brousse. Je me présente à mes colocataires. Stupéfaite, je retrouve Nelly qui avait suivi mes cours en faculté; nous nous retrouvons avec joie, commentant en riant les aléas du hasard. Nous dînons tous ensemble en fêtant dignement le départ de Rémy avec du whisky et des mangues, un luxe paraît-il.

Ma première soirée me transporte dans l'illusion de l'amitié et de la fraternité. Je m'endors bercée de rêves glorieux où le drapeau bleu de l'espérance perce la noirceur de nos vanités.

Un nouveau jour se lève sur mon enthousiasme déclinant. Un moustique a pénétré ma forteresse de tulle, et la chaleur m'étouffe; l'adaptation climatique est rude.

Je me lève cependant, agitée de pensées positives. Tout d'abord, louer une moto. Le camp est à quatre kilomètres. Pour acquérir une autonomie de déplacement, comme unique solution : l'engin à deux roues. Je me rends au village de Sakaeo où je prends possession d'une superbe Toyota que le propriétaire me confie après de nombreuses recommandations et en échange de beaucoup de baths (monnaie thaïlandaise). N'aurait-il pas confiance dans ma conduite ? Les meutes de chiens hurlants qui traversent à chaque instant la chaussée, les creux et les bosses qui parsèment le chemin justifient cependant ces conseils de prudence. Peu habituée aux terres sèches et crevassées, baignées d'une poussière aveuglante, je roule lentement pour ne pas conclure trop vivement ma mission sur le bas-côté d'une route. Enfin j'arrive au camp. Le soldat de garde soulève la petite barrière latérale réservée au passage des deux roues. J'atteins le ward qui m'est destiné sans embûches. L'équipe est là peu coopérante, mais le travail me fait oublier leur agressivité.

A peine entrée dans le service, on me montre un enfant dont l'oreille est bouchée par un haricot dur comme une pierre. Le matériel n'est pas adapté à ce style d'intervention. C'est délicat. Perplexe, je décide de mouiller l'oreille de l'enfant que je couche sur le côté. Au bout de quelque temps, le haricot récalcitrant s'amollit et je le retire sans toucher le tympan. Un confrère plein d'humour m'avait conseillé d'attendre : « En l'arrosant chaque jour, tu feras pousser des feuilles, à ce moment-là l'extraction sera plus facile »... C'était une idée, mais quand même !

Ma première tentative médicale a fait appel à l'imagination plutôt qu'à la dextérité. Je me rends compte que pour devenir opérationnelle la médecine de brousse doit être avant tout inventive. La journée se poursuit par des actes professionnels moins originaux, points de suture, grattages de plaies... Je termine mon après-midi en incisant un abcès du pied d'un garçonnet que l'on avait amené sans sa mère. Mon travail achevé, je décide de raccompagner mon jeune patient chez ses parents. Je prépare ma moto, fais demi-tour pour charger le gamin qui ne peut s'appuyer sur sa jambe. Je veux fermer les gaz, mais l'engin se rebelle. Au lieu de freiner en débrayant, j'accélère brutalement et me propulse en arrière. La machine échappe à mon contrôle par une embardée folle, se vomit sur le ward en enfonçant la paille. Se tuer à la porte de son ward, un premier jour de mission, c'est un comble! Heureusement, rien de grave : quelques écorchures et une entorse au pied. Ironie du sort, je me retrouve boiteuse, pendant que mon jeune malade, échappant de justesse au massacre, se remet miraculeusement sur ses jambes et s'enfuit en courant. Une poursuite s'engage et on rattrape la victime qui ne sera plus, c'est promis, sacrifiée aux errances de ma machine infernale. Cette fois une voiture de fonction emporte en toute sécurité deux éclopés, réconciliés dans l'infortune.

Le lendemain, beaucoup de bricoles, de plâtres et de fractures de gens qui tombent dans les trous. Ce sont les puits que les Khmers creusent eux-mêmes et dans lesquels ils tombent malencontreusement quand ils se déplacent la nuit, sans éclairage.

Le soir, la tension monte, avec l'arrivée d'une jeune femme qui souffre horriblement. Le visage émacié, elle agrippe le bas de son ventre dans un geste de douleur désespéré. Ne sachant si le mal est d'origine appendiculaire ou gynécologique, je décide d'intervenir en ouvrant par une médiane. Je suis tendue, je n'ai pas plongé mes mains dans un ventre depuis très longtemps. Le temps passe; la sueur perle sur mon front. Est-ce la chaleur ou l'émotion? Je découvre un appendice complètement nécrosé qui colle au fond de la paroi et se détache difficilement. Après plusieurs tentatives, je le tiens entre mes pinces...

Malgré vingt ans d'expérience chirurgicale, je suis nerveuse comme un interne qui recoud son premier blessé. Les conditions de travail sont tellement différentes sur le terrain! Elles nécessitent des qualités supplémentaires de calme et de rapidité. Les regards méfiants de mes aides qui scrutent la moindre erreur, le moindre tremblement, accentuent ma gêne. Enfin, je retire avec précision le bout de chair putride. Mon épreuve du feu est passée, je retrouve mon sang-froid. La guérison de ma jeune opérée sera ma récompense.

Le troisième jour, un ami de « Médecins sans frontières » propose de me conduire à la frontière cambodgienne. Raymond, le chirurgien de garde, me remplacera. Après deux heures de route, de plaines sèches et de rizières humides, nous approchons des camps. Une vision de guerre, de terrains dévastés, d'arbres calcinés. On s'y est battu. Des villages ont été brûlés, des camps rasés. Ils ont été reconstruits plus loin, au-delà de la zone sinistrée, mais dégagent encore une atmosphère de veille de bataille. Nous poursuivons notre route vers Macmun dont l'étendue se perd sur le territoire cambodgien. Il est dangereux de s'aventurer dans ce *no man's land.* L'armée thaï contrôle sévèrement nos entrées et les responsables de la Croix-Rouge nous accordent un droit de passage, mais pour très peu de temps et dans un rayon bien déterminé. Dans ce retranchement hasardeux l'ambiance est loin d'être sereine et les wards sont remplis de malades trop jeunes pour mourir à la guerre. Ce sont des adolescents qui offrent tristement le reflet d'une jeunesse assassinée... Au retour, nous passons par Kao-i-Dang, lieu qui m'était destiné initialement et qui regroupe 120 000 réfugiés. A la tombée de la nuit, nous rentrons à Sakaeo, bouleversés par ce que nous venons de découvrir.

Mes activités au camp me paraissent désormais plus routinières. Ma vie de chirurgien de brousse s'est organisée. L'habitude s'infiltre dans mon esprit et dans mes gestes, comme cette poussière ocre qui envahit la campagne thaïlandaise au moment de la sécheresse. Ma tenue immaculée de médecin sans reproche se jaunit au contact de l'air. Pour protéger mes cheveux de ce fléau ocré, j'enveloppe ma tête dans un foulard de couleurs vives, que les Khmers appellent krôma, et qui tranche avec les ombres grises et noires qui glissent autour de moi.

Mes matinées sont occupées par la visite des malades. Il faut surveiller les plaies, changer les pansements, nettoyer les sécrétions purulentes. La majorité de mes patients souffre d'atteintes aux jambes, beaucoup ont sauté sur des mines ou ont reçu des éclats d'obus. Je m'occupe surtout d'amputations et de moignons mal cicatrisés. Le dialogue avec les blessés se limite à des gestes et à des regards, mais déjà je retiens quelques mots dans le langage local. J'apprends le khmer au contact des habitants, les leçons données officiellement sont à hurler d'ennui.

A l'heure du déjeuner, avec des amis, nous allons chez Maxim's. Ainsi pompeusement nommé, ce restaurant confectionné de toiles de sac tendues sur des piquets, offre un prestigieux menu pour la modique somme de dix baths (soit deux francs français!). Quand il y a foule, je pars dans un endroit plus éloigné, où, pour cinq baths, j'avale deux soupes thaï et une banane.

L'après-midi commence par une petite heure de sieste, puis j'opère ou je vaque à des occupations diverses. Si tout est calme, je me promène dans le camp, découvrant des activités insolites, des paillotes fraîchement terminées. Tel un village en pleine croissance, le camp se remodèle continuellement. Les femmes accouchent, les bébés grandissent comme ces fleurs de potiron qui décorent les foyers khmers. Au loin, j'aperçois de jeunes écoliers, cartable sous le bras, qui se dirigent vers leur avenir en chantant. Parfois je traverse des images plus tristes d'une multitude qui attend : pendant trois heures, ils feront la queue, derrière des poteaux, avec des numéros et des tickets, sous un soleil sans clémence. Deux fois par semaine, ils reçoivent ainsi une ration de riz et de légumes, rarement du poulet. Combien de temps supporteront-ils encore ces lignes interminables qui chaque semaine leur rappellent cruellement leur condition d'assistés? L'amour des organismes internationaux leur a donné l'espoir. La réinsertion dans la société humaine peut leur rendre leur dignité.

Le soir, avant de retourner à la maison de brousse, j'arrête ma moto devant ce que j'appelle le « coiffeur », l'« Alexandre » de Sakaeo! Dans une petite cahute, au milieu du village, une jeune femme thaï me lave régulièrement les cheveux à l'aide de grandes bassines d'eau tiédie par le soleil. Allongée sur une sorte de table, la tête dans le vide je savoure ce rare instant de totale relaxation. Mon corps est entortillé dans un drap de coton pour échapper aux attaques incessantes des moustiques. Je ressemble à une momie dont seul le visage aurait échappé aux bandelettes.

La séance terminée, je rejoins mon foyer « thaïlandais », attentive cependant à ne pas trébucher sur quelque serpent de mauvais augure! Car l'endroit est infesté de ces horribles bestioles, ainsi que des scorpions qui souvent se glissent dans nos chambres et que nous rencontrons parfois au pied des moustiquaires. Je me console en me disant que ces dangereux reptiles font partie du folklore!

Ce soir, nous dînons sur la terrasse. Les repas sont préparés par deux jeunes servantes thaï, Ali et Sitong, qui sont rémunérées par le CICR pour l'entretien de la maison et qui perçoivent directement auprès de nous une somme, très modique, nécessaire à notre nourriture. Au menu, on trouve du riz et des légumes, rarement de la viande. Comme boisson, de l'eau bouillie, épaisse et trouble, du thé froid et beaucoup de Coca-Cola. Il faut faire attention, éviter les crudités et la glace. Les microbes se portent bien dans cette partie du monde et, malgré nos précautions, malgré les médicaments préventifs, certains font des crises de paludisme très aigües ou attrapent la dengue : question de chance.

La nuit tombe lentement en nous enveloppant d'un halo de fraîcheur. C'est très agréable pour qui vient de passer une journée sous une chaleur torride. Nous parlons peu, écoutant respirer la campagne thaïlandaise. Des bruits divers montent dans la pénombre, j'apprends à les reconnaître. D'abord, il y a la plainte lancinante des affreux chiens de brousse qui dorment toute la journée et se réveillent avec l'obscurité pour hurler et se battre jusqu'à l'aube. Ensuite s'entremêlent dans une cacophonie joyeuse les hululements, les coassements, les « tchéco, tchéco », des gros lézards, et les « grous grous » des reptiles inconnus. Un concert fantastique qui s'éteint vers l'aurore au moment où les canards s'ébrouent d'avoir si bien dormi en caquetant à plein bec. Où sont mes nuits calmes d'antan?

Ce matin, je me lève tôt. Raymond mon confrère est parti. La responsabilité du bloc m'est impartie avec une anesthésiste que je ne connais pas, qui arrivera demain. Le travail sera lourd, mais je me sens assez forte pour tenir seule; de toute façon à la fin du mois, je me ferai remplacer pour passer quelques jours sur la côte. Le statut de la Croix-Rouge prévoit un jour et demi de repos par semaine. Pourtant la plupart d'entre nous œuvrent sans discontinuer pendant plusieurs semaines, afin de prendre un week-end prolongé au bord de la mer. Je vais donc grouper mon temps libre pour en profiter plus tard. En attendant le labeur ne manque pas.

Dans l'après-midi, les Japonais, qui ont un ward de médecine générale, m'appellent pour que j'examine un de leurs patients. C'est un jeune Cambodgien de treize ans qui souffre d'une appendicite aiguë. Il faut l'opérer d'urgence, et je n'ai pas d'anesthésiste. Afin de parer au plus pressé, l'infirmier de garde, très compétent, l'endort avec un produit efficace mais d'une durée limitée. C'est une course contre la montre. On teste l'insensibilité du malade, tout va bien, il est allongé et ne sent rien. J'ouvre le ventre, j'incise le muscle; au moment où j'atteins le péritoine, les choses se compliquent. Le gosse, toujours endormi et inconscient, arrache ses liens, se plie en deux, attrape mon dos de sa main droite, pendant que sa main gauche glisse sous le champ opératoire, et agrippe le gros intestin échappé de son abdomen. Vision horrible d'un opéré qui plonge ses mains dans son propre ventre! Affolée, je réclame de l'aide, tout en rentrant les viscères dans leur abri originel. Enfin le secours arrive, on m'aide à recoucher le malade qui demeure complètement inconscient de la panique qu'il a créée. Finalement, l'adolescent est mis sous anesthésie avec intubation et l'opération s'achève sans encombre dans les meilleurs délais. Quelle émotion! Il me restait des mains pour opérer, mais plus de jambes!

Chaque jour qui passe m'apporte des émotions nouvelles qui rendent ma vie encore plus captivante. Parfois nous recevons des grands blessés de guerre envoyés des frontières. Certains ne résistent pas au transport, d'autres arrivent dans un état épouvantable. Un malheureux qui avait résisté par miracle au trajet est déposé dans mon ward. Son visage n'a plus de forme : il n'a plus de mâchoires, une balle lui a traversé la tête. Ses maxillaires pendent pour donner place à un trou béant. Son dos est criblé d'éclats d'obus, son coude arraché, et son crâne fracturé laisse échapper la matière cérébrale. Pourtant, il est vivant, ses yeux brillent; je m'accroche à cette lueur fragile. Je le fixe passionnément et mon regard exprime la violence de mes sentiments : « On va se battre. Tu verras, je te sauverai! » Il faut agir vite; aidée par Bernard, un interne de Paris, j'opère pendant quatre heures, trouant les os à l'aide d'un vilebrequin mécanique. C'est épuisant dans cette chaleur torride. Enfin la mâchoire est replacée, artisanalement; manquent encore des petits morceaux mais l'essentiel est rétabli. Ensuite nous procédons à une trachéotomie et mettons une sonde gastrique pour nourrir le blessé. L'intervention se termine, le rythme du cœur est bon, il va vivre.

Le lendemain en se réveillant, il arrache la sonde au risque de déchirer son nez, défait son massif incisif qui roule sur l'oreille, puis sombre dans le coma. Il faut tout recommencer mais je ne désespère pas. L'homme reprend connaissance, je sais qu'il fera tout pour guérir et rejoindre le maquis. C'est insolite : sauver un homme qui se bat pour survivre, lutter à ses côtés pour lui donner la vie, afin que de nouveau il tue des centaines d'hommes! Où est la vérité? Une question qui ne se pose pas sur le terrain. Nous sommes ici pour soigner n'importe qui à n'importe quel prix.

Au bout de trois semaines, mon « protégé » se lève pour la première fois. Cinq minutes inoubliables où nous déambulons bras dessus, bras dessous, lui qui voulait tant vivre, moi qui avais tout fait pour éviter la mort. Ce soir-là, j'ai fêté dignement l'événement en offrant des tournées de whisky. La moindre occasion est bonne pour faire la fête. Un départ, une guérison, tout justifie l'amusement. Ces moments nous aident à supporter les autres, plus pénibles. L'ambiance est celle de l'internat. On voit des choses tellement insupportables pendant la journée que le soir on se défoule. C'est un exutoire indispensable. De cette façon aussi, la vie communautaire paraît moins pesante, car on peut sortir de chez soi pour rendre visite à des amis, ou au contraire les inviter à notre table. Une petite société s'est organisée à Sakaeo, avec ses principes et ses *a priori*, qui ne détruisent pas pour autant les liens profonds qui nous unissent. Nous sommes tous motivés par la même cause, qui est de sauvegarder une race que d'autres voulaient exterminer.

L'existence que je mène m'apporte beaucoup de

satisfactions. Quand je quitte le village sur ma moto, les enfants m'entourent en criant : « Hello, Monique, hello ! » J'ai l'impression de faire partie d'une grande famille. Mes malades m'attendent et m'expriment leur reconnaissance à travers un sourire, un regard. Indépendamment de tous les grands blessés de guerre, il y a ces 25 000 personnes que je soigne pour des petits drames quotidiens. A leur contact je prends chaque fois une leçon de courage. Leur comportement face à la douleur est absolument exemplaire. Adultes ou enfants, ils se plaignent rarement, restent dignes malgré la souffrance. Souvent ils arrivent avec des appendicites à des stades avancés, avec des ventres de bois. Un Européen serait déjà moribond. Eux ne disent rien. On appuie sur la partie atteinte, ils répondent simplement : « Tchou » (« J'ai mal »). Il y a des flots de pus, l'intestin est à la limite de la perforation, leur cas est presque désespéré. Pourtant, deux jours plus tard, ils mangent; ils ont 37 de température et ne font jamais d'abcès. Fabuleuse résistance d'un peuple qui se remet à peine de sa dénutrition et de son massacre.

Depuis mon arrivée, je travaille sans relâche. Aucun week-end, une permanence toujours assurée. Après un mois et demi à ce rythme, je suis exténuée. Il me faut reprendre des forces. Les merveilles de Pattaya m'attirent, le cumul de mon temps libre me le permet, je prends quatre jours de vacances sur la côte.

Joie indicible de se prélasser dans une chambre climatisée, de se glisser dans des draps frais et de dormir, dormir à l'infini... Ma chambre donne sur la mer et j'admire sans lassitude ces plages ravissantes qui s'étirent au loin comme de longs foulards de soie. Je profite pleinement du luxe qui m'entoure : je fais porter les repas dans ma chambre, je vais chez le coiffeur, je m'occupe de mon corps et libère mon esprit. Les vagues roulent doucement sur mon corps endormi. A l'ombre des palmiers, j'oublie la chaleur torride de Sakaeo; je me repose d'une expérience qui m'a enrichie, mais dont je sors affaiblie.

Fascinée par le bien-être que nous apporte notre société de consommation, je suis cependant révoltée devant ses excès : ces touristes trop gras qui achètent à bas prix un paradis perdu, et ces filles, trop jeunes, parquées dans des cages transparentes qui attendent impassibles l'instant d'être vendues. Malheureusement, les camps eux-mêmes sont contaminés par cet aspect sordide de notre civilisation : une contrebande honteuse fleurit, paraît-il, derrière les barbelés. La liberté n'a pas de prix. Puis, il y a aussi ce fléau des temps modernes, la démission systématique qui condamne les réfugiés à devenir d'éternels apatrides.

Mon retour à Sakaeo fut très pénible. Le climat me paraissait plus étouffant. Mes vieux automatismes européens, réveillés par ce bref séjour estival, rendirent ma réadaptation extrêmement difficile.

L'atmosphère du ward s'était alourdie depuis mon départ. Certes, dès mon arrivée l'équipe en place avait mal accepté ma présence. Peut-être n'y étais-je pas totalement étrangère, car j'ai changé leurs habitudes en m'occupant moi-même des plaies. J'avais eu tort de prendre ma tâche trop au sérieux. Les autres chirurgiens avaient dix ans de mission à leur actif. Ce n'était plus, pour eux, le feu sacré, comme pour moi. On me reprochait également mon style un peu trop femme du monde. Je m'en étais aperçue lors de la visite du ward par le président du CICR, Alexandre Hay.

Alors, la dureté du climat, alliée à l'inimitié de mes collaborateurs, me parut trop lourde à supporter, et me donna l'envie de tout abandonner. Comble de malheur, quelques jours après avoir quitté Pattaya où j'avais retrouvé une santé éclatante, j'attrapais une dengue qui me brûla de fièvre pendant une semaine entière et anéantit les maigres forces que je venais de reconstituer. J'étais déprimée, à bout de souffle, prête à rentrer en Europe. Pourtant, lorsque je pris la décision de faire mes adieux aux malades et que je les vis sourire à mon approche, j'eus honte de ma faiblesse et me prenant par la peau du cou, je me suis dit : « Monique, tu t'es engagée pour trois mois, pour le meilleur et pour le pire. Tes trois mois, tu les feras envers et contre tout! Regarde le dénuement de ceux que tu voulais tant aider! »

Dès lors, je n'ai jamais plus discuté avec moi-même.

Restait un problème très délicat et très grave à résoudre : celui de Sam Sak. Le siège de Bangkok l'avait envoyé à ma demande, car je ne pouvais plus assumer seule la responsabilité du ward; j'étais de permanence jour et nuit, c'était trop fatigant.

Sam Sak était un chirurgien thaïlandais, dévoué sans doute, mais qui acceptait mal les Khmers. Il n'était pas toujours très gentil avec ses patients et nos relations s'envenimèrent vite. Malgré des efforts louables pour me montrer diplomate, je ne supportais plus sa présence. Nous n'avions pas les mêmes méthodes de travail et il passait son temps à défaire mes pansements. Un jour, il dépassa vraiment les limites du *statu quo* en réopérant un de mes malades, ce qui eut pour conséquence d'ouvrir définitivement la période des hostilités.

Un matin comme les autres, j'arrivais tôt comme d'habitude, lorsque j'entends la voix d'une amie qui m'appelait, affolée : « Monique, Monique, ton opéré... on l'a transporté au bloc. » Je me précipite dans la salle d'intervention, et horreur! j'aperçus au milieu du champ opératoire, les doigts de Sam Sak qui retiraient à l'aide d'une pince des morceaux de crâne que j'avais soigneusement placés la veille pour protéger la substance cérébrale du malade. Ma belle diplomatie fondit comme neige au soleil, et je criai dans un anglais rageur : « Stop, stop, you are going to kill him! » Impossible de lui faire entendre raison. Finalement, il se retira, en jetant avec colère les fragiles morceaux d'os. Vite, je m'adressai à l'infirmière en français, en la priant de bien vouloir les ramasser et de les mettre dans du sérum au Frigidaire. Le lendemain les éclats d'os furent replacés comme des pièces de puzzle. Le blessé était définitivement sauvé mais Sam Sak ne pouvait rester.

Tous ces événements se passaient avant mon départ pour Pattaya. Or, comme son contrat se terminait au moment où j'allais moi-même prendre quelques jours de vacances, j'ai patienté sans mot dire, certaine de ne pas retrouver ce mauvais plaisant à mon retour puisqu'il devait être remplacé par un chirurgien argentin nommé Mario. Hélas! quand je suis revenue, Mario était bien là, mais Sam Sak aussi. Ce dernier refusait de partir malgré l'expiration de son contrat et nous menait, dans le ward, une vie impossible. Que faire? Nous cherchions une solution à notre problème lorsqu'un incident violent survint entre l'anesthésiste, Christiane, une jeune femme très sympathique arrivée depuis peu, et le chirurgien thaï. Ils étaient prêts à s'entre-tuer pour l'utilisation d'un drain! C'en était trop. Bondissant vers l'émetteur radio, j'envoyai un message : « Venez vite. Incident diplomatique. Peut entraîner l'avenir de la mission. » Le CICR de Bangkok, à notre grand soulagement, pria Sam Sak de rejoindre son centre hospitalier selon les termes de son contrat.

Malheureusement, malgré son départ, l'atmosphère demeurait tendue. Mes collaborateurs continuaient à discuter mes indications opératoires. Je me souviens de ce malade exsangue que l'on m'avait amené. Il avait une balle dans le ventre, il ne pouvait plus uriner, sa vessie était sous tension. Impossible de le sonder, la sonde ne passait plus et pour cause : l'urètre était coupé. Quel était mon choix? Soit faire une laparotomie pour rechercher une hémorragie interne, soit le laisser mourir.

Un infirmier intervint : « On ne peut pas l'opérer, il n'y a pas assez de sang, il faut le réanimer avant. » Le réanimer? Avec quoi? Le seul flacon de sang qui nous restait était insuffisant, mais nous n'avions pas d'autre solution. Ne pas explorer chirurgicalement un ventre qui saigne peut être est une condamnation à mort.

Alors j'ai opéré contre le gré de tous. La malchance a voulu qu'il meure cinq heures plus tard. J'étais désespérée, il avait seize ans. Si l'équipe m'avait reproché quelque chose à ce moment-là, j'aurais vraiment éclaté, mais elle ne m'a rien dit.

L'éclat eut lieu un peu plus tard, quand, pour entrer au bloc, je trouvai épinglée sur ma porte une affiche, indiquant qu'« il était regrettable que Messieurs et Madame les chirurgiens fument au bloc ». C'était faux. Pour ce qui me concernait, je ne fumais jamais au bloc. Mais je n'admets pas que les choses soient écrites, je veux qu'elles soient dites.

Et pour les dire, nous les avons dites, nos vérités ce jour-là, sans grande tendresse les unes pour les autres. Peu convaincues de l'utilité d'un pareil affrontement, Andrée et Victoria, deux sœurs de Saint-Vincent-de-Paul, récemment arrivées et avec lesquelles je m'entendais très bien, refusèrent de se mêler à nous, heureuses cependant du résultat bénéfique de cette confrontation. Andrée tira la conclusion de ce procès d'intention : « Pourquoi avons-nous tant attendu pour en arriver là? La véritée toute nue est souvent bonne à dire. Souvenez-vous de la parole du Christ : « Que votre oui soit « oui, que votre non soit non, car tout ce qu'on « ajoute vient du malin. »

Les choses se sont donc arrangées. Deux autres infirmières sont arrivées. Les nouvelles venues ont détendu l'atmosphère et je n'ai plus eu de problèmes jusqu'à la fin de ma mission.

Si je n'ai pu bénéficier d'une équipe homogène, mon séjour s'est achevé en compagnie de gens fabuleux. Au fond, il y avait autour de moi tant de personnes de haute volée, d'un dévouement extraordinaire, que les ombres qui ont plané sur mon travail n'ont pas obscurci l'idéal qui dominait mon action.

Ils sont des milliers à donner leur temps, leur métier et parfois même leur vie pour le bien de l'humanitaire. Au-delà des frontières, au-delà des nations ou des religions, ils se battent pour le respect de l'homme. Des centaines d'organisations d'origine différente les regroupent dans un même but : apaiser la misère du monde.

En Thaïlande, le CICR fut chargé de coordonner l'ensemble des activités médicales. Seuls des organismes puissants et bien structurés tels que la Croix-Rouge, l'Unicef, le HCR (Haut Comité aux Réfugiés), pouvaient canaliser ce véritable raz de marée humain de plusieurs centaines de milliers d'âmes qu'il fallait soigner, nourrir, loger et vêtir! Sans arrêt des camions Unicef convoyaient du riz, de l'eau.

Jour et nuit, des files de camions remontent de Bangkok vers la frontière. Grâce à cet apport logistique, la Croix-Rouge, aidée d'autres institutions privées mues par le même idéal, a fait baisser le taux de mortalité de cinquante personnes par jour en octobre 1979 à deux en mai 1980.

L'action humanitaire n'est donc pas un vain mot.

Quand je suis partie, c'était avec une idée bien précise : aider des gens, mais les aider dans le cadre d'une aventure que je trouvais passionnante, qui était celle du CICR.

Sur le terrain, j'ai pu apprécier l'efficacité de cette institution. En quelques mois tout un système administratif extrêmement cohérent avait été mis sur pied; leur but était de coordonner l'action des autres organismes et de l'ensemble du personnel soignant, ainsi que de surveiller sans relâche l'état de santé des réfugiés. Des statistiques sont établies à partir des rapports hebdomadaires que remplissent les médecins, et dans lesquels ils indiquent le nombre de blessés, de morts, d'entrants et de sortants...

De nombreux délégués se partagent les responsabilités du camp en liaison avec Bangkok et Genève.

J'ai appris à les connaître et je les ai aimés. Ils sont tous différents mais se ressemblent tous, à la fois dans leur motivation qui est d'aider les autres, et dans leur attitude marquée d'humilité. Il y a les permanents et ceux qui ne le sont pas, consacrant quelques mois de leur vie professionnelle aux besoins de l'humanitaire. Gens de terrain, ils sont capables de vivre au sein d'une action une expérience difficile, insoutenable parfois, au milieu de la misère extrême de ceux qui les espèrent. Ils sont hommes d'administration si telle est leur affectation. Leur recrutement passe par des critères rigoureux où le sens de l'humour est loin d'être négligeable par rapport aux qualités d'intégrité morale. Mais, à Genève comme à Bangkok, dans les bureaux ou dans les camps, ils appartiennent à la même institution et consacrent leurs forces à la même tâche qui est celle d'adoucir les plaies d'un monde en détresse.

Grâce à leur patience, à leur ténacité, ils accomplissent des actes merveilleux. Je fus moi-même témoin d'une des plus belles manifestations de cette communauté d'amour. Profitant d'un jour de repos, j'accompagnais Carlos, délégué du CICR, au camp de Kao-i-Dang. Une jeune Cambodgienne arrivée la veille de Paris allait retrouver sa famille dans un camp de 120 000 personnes, après six ans de silence et de séparation. La jeune femme suivait Carlos dans les allées du camp, enfonçant ses ongles dans la paume de son guide. Nous nous sommes arrêtés devant l'entrée d'une paillote semblable à des centaines d'autres, mais qui cachait dans son antre un espoir fabuleux. Miracle de ces retrouvailles, accompli par la patience de l'Agence de Recherches de Genève qui avait inlassablement rejoint les fils fragiles d'un écheveau brisé. Cet univers de fourmis actives rendait possible l'impensable : regrouper les membres d'une famille dispersée brutalement à travers un monde hostile.

Comment exprimer la beauté de cet instant unique qui réunit en un tableau vivant la passion et la dignité, l'amour et la tendresse. Dans la pénombre du soir, une mère étreint sa fille, pendant que des enfants bourdonnant de curiosité s'agrippent aux vêtements de leur sœur. Pourtant la confrontation est dure entre des souvenirs paisibles et une réalité amère. Une famille autrefois opulente et heureuse se retrouve aujourd'hui prostrée dans une misère extrême. La fille prodigue nous raconte : « Mes frères ne savent ni lire ni écrire. Celui qui a treize ans a creusé des trous pour le régime Polpote dès l'âge de sept ans. C'est un petit sauvage ! » Merveilleux petits sauvages qui jouent en riant avec le collier de leur sœur.

Installés sur des nattes, nous assistons bouleversés à cette scène simple et douce. Moi-même en larmes, je regarde Carlos. Son visage est impassible, mais le tremblement de ses mains trahit une émotion profonde. Six ans de terrain, dans des régions très dures, Moyen-Orient entre autres, n'ont pas émoussé l'infinie compassion de cet homme qui s'est entièrement dévoué à l'humanitaire. Sociologue, diplômé de Sciences politiques, il a su utiliser ses connaissances et ses qualités au profit des missions qui lui sont confiées. Idéaliste, intelligent et dynamique, il allie aux quiétudes des verts pâturages suisses la rigueur du verbe d'Arrabal. Il aime parler « boulot », tout en sachant « décrocher » quand il le faut. Et ce soir, en quittant le camp, il laissera éclater sa joie dans une débauche de rires et de rêves.

Des gens comme ça, il y en a, ici dans les camps et

ailleurs. Mais dans les camps leurs actions ont acquis une autre dimension, cette autre dimension que j'ai moi-même découverte en Thaïlande.

Parmi les réfugiés du Cambodge et parmi ceux qui les sauvaient, j'ai compris la signification du mot « humanitaire ». Etre humanitaire, c'est rester humble devant la misère, c'est respecter l'autre avec ses traditions, ses ignorances. Ne pas imposer nos méthodes thérapeutiques souvent dispendieuses parce que nous croyons être les plus savants. Ne pas gaspiller ce qui est rare, être efficace avec peu de moyens, et surtout aider son prochain à ne plus être aidé.

En reprenant la route de Sakaeo, encore toute choquée par les événements de la journée, j'exprimais à Carlos le désir de m'occuper de la famille de notre protégée lorsque celle-ci aurait regagné la France. « Monique, me répondit-il, pourquoi favoriser une famille quand tant d'autres souffrent du même dénuement? Ce serait contraire à l'esprit Croix-Rouge. Notre action doit être semblable pour tous : aider ceux qui ont besoin de nous, mais surtout leur apprendre à se passer de nous. Tu sais, l'acte humanitaire va bien au-delà de la distribution. Notre rôle est de pouvoir porter à un moment donné un secours nécessaire, puis de savoir à un autre moment rendre leur autonomie à ceux qui la réclament. »

Cette politique du refus « de la main tendue », Jean-Pierre l'avait très bien comprise. C'était un homme fabuleux, un Français qui travaillait sous l'égide du CICR. En tant que psychiatre, il savait très bien que pour redonner à l'homme sa dignité il faut lui accorder les moyens de se prendre en charge. Toute son action s'orientait dans cette voie : en Indonésie, avec son salaire il achetait des truies et des verrats qu'il donnait aux indigènes, en leur apprenant à les nourrir.

« Si, en France, m'explique-t-il, il est plus intéressant qu'un cochon fasse de la graisse, ici il vaut mieux qu'il fasse de la viande. Donc je leur montre comment les alimenter quatre fois par jour, afin que les bêtes se musclent. Quand les animaux sont à point, ils les vendent au marché, et l'argent qu'ils gagnent ainsi les rend autonomes pour la première fois. »

Ici, dans les camps, son action se développe dans le même esprit mais sous une forme différente, car il est interdit d'élever des animaux pour des raisons d'hygiène.

Utilisant ses connaissances en psychiatrie il a établi tout un système d'échange entre les Krus Khmers et les médecins occidentaux. Il s'est rendu compte de l'inutilité des thérapeutiques occidentales quand il s'agit de soigner des problèmes purement psychologiques. Dans ce camp khmer, quand les anciens exécutants du génocide se posent, avec le recul, des questions insoutenables et sombrent dans la prostration ou la folie, seuls les médecins de leur peuple peuvent les exorciser. On les nomme les Krus Khmers. Ce sont les magiciens de la médecine traditionnelle. De la sagesse ancestrale ils ont hérité le respect du silence et un extraordinaire pouvoir de concentration. A travers les siècles, ils ont acquis une parfaite maîtrise de l'utilisation des plantes au profit des humains; les Khmers les respectent et les recherchent pour guérir leurs âmes meurtries. Ils soignent en crachant, sur la partie malade, d'étranges décoctions d'eau lustrale et de racines inconnues et réussissent là où les Occidentaux demeurent impuissants.

Le CICR a soutenu Jean-Pierre dans sa recherche de coopération entre médecins blancs et Krus. Un hôpital a été créé à cet effet, dans lequel Occidentaux et Khmers participent ensemble à des recherches de plantes médicinales. En remerciement de la confiance qui leur est témoignée, les Krus admettent les médicaments et les interventions, si leurs propres soins ne sont pas suffisants.

Moi-même, j'ai dû faire appel à eux pour un acte chirurgical qui aurait pu devenir dramatique.

C'était le jour de Pâques. Une jeune fille amenée dans mon ward refusait d'être opérée. Comme de nombreux Khmers d'origine rurale, elle n'avait jamais vu de chirurgien et les techniques occidentales la terrorisaient. Impossible de lui faire entendre raison. Pourtant si je n'agissais pas rapidement, la mort était inévitable. L'unique espoir : intervenir auprès du chef Kru pour qu'il la mette en confiance. Je le connaissais déjà, car il m'avait, pour une entorse, soignée à base de salive et de décoctions; j'ai toujours cru aux embrocations de plantes et à l'eau lustrale.

Donc j'enfourche ma moto et pars à la recherche du « maître ». L'interprète traduit mon affolement : « Si on n'ouvre pas son ventre tout de suite, elle mourra. » Les Krus ne pratiquent jamais d'opération, mais je leur ai déjà fait confiance; à eux de m'honorer de cette confiance. Le chef accepte, grimpe en amazone sur le siège de ma moto. Je démarre en trombe cheveux au vent, le malheureux Kru agrippé à ma veste. Nous nous précipitons au chevet de la malade, lui légèrement ahuri, moi complètement échevelée.

C'est une appendicite classique mais très évoluée.

Elle a toutes les chances de s'en sortir pourvu que l'intervention ait lieu immédiatement. On prépare la patiente pour l'introduire au bloc. A la vue de toutes ces installations prêtes à servir, elle s'échappe en hurlant. Les infirmiers la rattrapent et l'immobilisent. On lui fait une perfusion, elle est retenue par ce lien matériel fragile mais efficace : elle ne bouge plus.

Pendant ce temps, le Kru Khmer palabre avec les parents pour les convaincre. C'est la course contre la montre. L'adolescente gémit, son ventre gonfle. Enfin, la mère se décide : c'est oui!

L'anesthésiste se met à l'œuvre, la jeune fille apeurée sanglote, le Kru Khmer lui serre fortement la main. Le sorcier des temps passés va assister à l'appendicectomie. Il porte un masque et une casaque. Il fixe mes gestes avec fascination. Un petit bout de chair est coupé, un ventre recousu : une vie est sauvée. Il emporte avec lui, tel un trophée de guerre, l'appendice nécrosé baigné dans le formol.

Ce fut un bel exemple de respect et de compréhension de l'autre. Un moment d'enrichissement réciproque où chacun offre ses connaissances au profit de tous.

Faire participer, c'était la grande tâche du CICR, mais aussi la nôtre. Apprendre avec les Krus ce que nous ignorions et transmettre aux Khmers nos techniques afin de les adapter aux besoins du camp.

De nombreux Khmers travaillent dans les wards, s'instruisent pour devenir aides-soignants. On les appelle les « médics ». Ils sont payés et s'occupent de donner des soins rudimentaires.

En pédiatrie, la jeune femme qui tient ce ward et qui est d'un dévouement extraordinaire a poussé l'expérience beaucoup plus loin en donnant aux médics un champ d'initiative très important. Non seulement ils font des pansements, mais ils effectuent des intra-veineuses et proposent parfois des diagnostics. De cette façon, Henriette avait réussi à créer une unité médicale exceptionnelle composée en grande partie de Cambodgiens passionnés par leur nouveau métier.

Dans cet effort commun d'adaptation, il y avait un garçon génial, Bernard, qui est à l'origine de la tentative la plus originale du camp. Kinésithérapeute en France, il est arrivé en Thaïlande par ses propres moyens, avec l'idée d'aider les réfugiés à se rééduquer. N'appartenant à aucune organisation, il a réussi progressivement à créer un petit atelier de rééducation qui fabriquait des prothèses de jambes à partir d'éléments très frustes, utilisant tout ce qui est disponible : zinc, caoutchouc et bois. Grâce à ces matériaux de fortune (le caoutchouc provenait de vieux pneus ramassés sur le bord des routes), il montrait aux amputés comment élaborer leur prothèse personnelle.

Elles étaient très bien faites, car elles s'articulaient au niveau du genou à l'aide d'une petite tirette. Contrairement au pilon toujours raide, quand les gens s'asseyaient, ils pliaient leur jambe en retirant la barrette de fer qui servait de charnière entre deux cônes de zinc. Les appareillages atteignaient un tel degré de perfection qu'il était impossible, si les gens portaient des chaussures montantes, de déterminer quelle était la jambe amputée!

C'était l'atelier du bonheur. Tous les éclopés exécutaient leur prothèse en chantant. Dans une pièce adjacente, Bernard avait confectionné une sorte de salle de rééducation avec des poulies, des seaux d'eau et des sacs de sable. Quand le président

Hay est venu, il fut tellement impressionné par l'œuvre accomplie qu'il engagea Bernard dans le CICR pour qu'il continue de créer de nouveaux centres, afin de réapprendre à marcher aux amputés du monde entier.

Etre humanitaire c'est être efficace avec peu de moyens. L'atelier de Bernard en était le symbole, j'avais moi-même appris auprès des anciens cette nécessité qui dans ce contexte difficile devenait primordiale.

La chirurgie de terrain réclame avant tout beaucoup d'ingéniosité. Elle nous force à nous adapter à toutes les situations et nous apprend à ne jamais démissionner. On prend alors conscience de ses capacités, on recule ses limites et le hasard intervient parfois pour faciliter notre tâche.

Quelque temps avant l'expiration de mon contrat, une petite fille est transportée au ward de chirurgie générale. Je suis effrayée par l'état de l'enfant : son ventre est entièrement gonflé sous la pression de six jours d'occlusion. L'intervention doit avoir lieu immédiatement. Vite j'enfile, avec l'aide des infirmières, mes vêtements pendant que la malade est mise sous aspiration. Cependant son estomac n'évacue pas et la fillette vomit toujours. Le drain n'aspire plus. Le temps presse. Les minutes s'écoulent dans un silence pesant. Nous plaçons notre petite protégée sur une table surélevée pour procéder à la radio de contrôle quand – ô miracle – la hauteur donne du lest au drain qui commence à fonctionner. Quel soulagement! Enfin l'estomac se met à donner. Nous savons désormais qu'elle sera sauvée. Des médics nous apportent les bidons que je leur demande de glisser sous le lit pour maintenir la malade surélevée : par cette technique de fortune j'ai pu, sans souffrances et sans complications supplémentaires, guérir l'occlusion si dramatiquement commencée.

Ainsi vont les lois du « terrain ». Sur place, j'ai acquis des connaissances nouvelles, tant sur le plan chirurgical que sur le plan humain. Le temps lui-même a pris une autre dimension. L'heure ne m'appartient plus mais dépendait des autres. Nous devions être prêts sans restriction pour répondre à la moindre détresse. La disponibilité d'esprit et de corps est une qualité fondamentale qui se reflète dans l'expérience de ceux qui ont vécu « l'aventure missionnaire ».

Ma propre expérience humanitaire s'est certainement enrichie au contact des autres, mais elle ne s'est développée que dans le cadre du CICR, en conformité avec les principes d'Henry Dunant. Non, la Croix-Rouge n'est pas démodée. J'en ai eu la preuve vivante dans les camps où des milliers d'êtres ont été sauvés, en grande partie grâce à la politique généreuse des héritiers de Solférino.

J'estime que cette mission est réussie : des gens que l'on considérait comme de futurs exterminés ont pu regagner leur pays et commencent à cultiver du riz. Justice doit être rendue au CICR qui a énormément contribué au rétablissement, partiel sans doute, d'une situation tragique. Or, certains journaux ont diffamé son action en l'accusant de « nourrir l'armée vietnamienne ». Mais que pouvait-elle faire? Les camps de frontières n'ont pas de barbelés. Qui peut contrôler si le riz arrive à destination ou s'il est détourné de son objectif initial? Des files de chars à bœufs se présentent tous les jours menés par des non-combattants qui ont pour charge de redistribuer leurs cargaisons à une population affamée. Que devient ce riz? Nul ne pourra le dire. Mais ce que je sais, c'est que la main tendue d'un seul enfant justifie tous les transports de riz du monde.

D'autres ont accusé le CICR d'avoir gaspillé son argent et ses hommes. Comment ne pas gaspiller quand des flots de 300 000 à 400 000 réfugiés se déversent sur le territoire thaïlandais en moins d'un mois? Ce débordement explique les ordres, les contrordres et les désordres des premiers temps. Personne n'est à l'abri de l'erreur.

La polémique est vaine. C'est une arme de défense pour ceux qui ont mauvaise conscience. Finalement ces campagnes de dénigrement ne concernent que les métropoles; ici sur le terrain, nous sommes tous unis par la même fraternité d'action.

C'est extraordinaire de collaborer avec toutes ces équipes médicales et chirurgicales venues du monde entier. Nous nous aidons mutuellement. Parfois, on me fait venir en pédiatrie : « Deux gosses à opérer », peut-être une appendicite ou une hernie. En obstétrique, quand des jeunes femmes font des fausses couches, on m'appelle d'urgence. Rapidement, je procède à des curetages que j'entreprends sur une petite table après quelques bouffées d'anesthésie.

Les dispensaires m'envoient également leurs malades accompagnés de petits cartons sur lesquels sont mentionnés les symptômes des nouveaux venus.

Cette collaboration va d'ailleurs au-delà des services médicaux et s'étend aux camps des environs. Le jour où j'ai reçu un jeune combattant dont la mâchoire était broyée, j'ai dû faire appel aux Allemands de Kao-i-Dang. Je savais qu'ils avaient le matériel de chirurgie maxillo-faciale dont j'avais besoin. Immédiatement, ils m'ont fait parvenir des prothèses.

Nous travaillions tous en bonne intelligence, mus par le même amour des autres, mais aussi par l'enrichissement personnel que peut apporter une telle expérience. En effet quel que soit le sens de notre mission, médicale, nutritionnelle, chirurgicale ou administrative, il y a toujours une part d'aventure individuelle. La charité n'est que le prolongement d'un égoïsme bien compris.

Effectivement dans les camps, on vit des moments exceptionnels qui nous donnent vraiment une raison d'exister.

Un jour, je reçois de la frontière un grand blessé dont le thorax est ouvert et qui perd énormément de sang. Il doit être transfusé sans tarder. Malheureusement, la veille, une panne de secteur nous avait privés d'électricité et personne ne savait comment faire démarrer le groupe électrogène. L'administrateur était absent. Les flacons furent perdus à cause de la chaleur. « Vite, groupez-le ! » Par chance, il est du même groupe que moi. Je décide alors de donner mon sang. Les Américains qui occupent le laboratoire refusent : « Le chirurgien qui opère doit garder toutes ses forces. » J'insiste. Je suis en bonne santé et d'ailleurs c'est l'unique solution pour sauver le blessé. Finalement, ils acceptent; je m'allonge et mon sang est recueilli dans une poche en plastique qui pendant l'opération, juchée sur une potence, nourrira de mon sang le corps de l'opéré. En plongeant ma main dans ses poumons pour extraire les balles, je vois ma substance qui coule dans ses veines.

Moment merveilleux qu'il m'est donné de vivre, non pas parce que c'est moi, mais parce que les conditions de travail, ici, nous forcent à aller au-delà de nous-mêmes.

Certes, ce que je fais ici, je peux le faire ailleurs, dans d'autres pays ou dans mon cabinet de province. Mais, ici, il y a l'exotisme en plus, on souffre mais on se fait plaisir. Pourquoi avoir honte d'aider les autres tout en s'aidant soi-même? Au contraire, c'est une motivation saine qui domine l'action des délégués et qui, à leur image, dominera mon action partout où j'irai désormais.

Grâce à la Croix-Rouge internationale, aux réfugiés khmers, et à l'exemple de tous ceux qui ont enrichi mon expérience personnelle, j'ai découvert des notions différentes qui apportent à ma vie une dimension nouvelle.

Mon contrat touche à sa fin. Depuis trois mois, je participe à une belle entreprise mais l'objectif est atteint. Les réfugiés désormais renutris ne nécessitent plus autant de présence médicale. Les Occidentaux se retirent progressivement pour éviter l'existence d'une pléthore de personnel inutile. Les Khmers se prennent en main, la vie reprend son droit, nous devons laisser faire le temps.

Sur le plan chirurgical, le bloc n'a plus sa raison d'être, l'hôpital japonais en cours de construction à quelques kilomètres du camp doit entrer en fonction. Les Japonais prendront donc le relais.

Malgré moi, j'inaugure l'hôpital d'une façon assez dramatique. Quelques jours avant l'ouverture du centre, un blessé est annoncé. C'est une fracture, sa cuisse est meurtrie, son membre raccourci. Une radio confirme le diagnostic, il faut le mettre sous traction, attacher des poids, en l'occurrence des seaux d'eau, pour atténuer progressivement le chevauchement des deux fragments. Le visage de l'homme est émacié, ses yeux m'interrogent angoissés : il a peur de mourir. Et moi, je me sens impuissante, n'ayant pas les moyens aseptiques d'opérer.

L'équipe tâche de le rassurer, de le soulager, et nous établissons un courant de confiance entre le malade et nous. Les jours passent. Chaque matin, nous ajoutons de l'eau dans le seau tracteur, car l'évaporation est intense. Un matin une tuméfaction apparaît sur la face interne de la cuisse. Le malade souffre beaucoup, l'un des fragments ayant blessé l'artère fémorale. Sa rupture brutale entraînerait une mort rapide et la prévention de cette rupture serait l'amputation, car nous ne sommes pas équipés pour de la chirurgie vasculaire.

Le centre n'est toujours pas ouvert. L'anévrisme gonfle, et notre inquiétude grandit. L'homme connaît la réalité et vit un cauchemar sordide : à chaque poussée douloureuse, il doit serrer sa cuisse d'un garrot. Ce procédé ressemble à une condamnation à mort par procuration. Nous lui avions dit la vérité : « Si une grande douleur se produit, vite étranglez votre cuisse au moyen d'un garrot, sinon cette crise pourrait vous être fatale. » Quelle torture horrible pour cet homme de savoir que sa vie tient à un garrot, mais nous n'avions malheureusement pas le choix.

Croyant sa fin très proche, Sy nous demande l'autorisation d'écrire à sa femme, mais il ne peut bouger; l'interprète transcrit, et nous, l'équipe médicale, suivons comme un office cette dictée. Il s'y mêle tant de beauté, de profondeur et d'amour que point n'est besoin de comprendre les mots.

Le lendemain, Rose May, l'infirmière de garde, une grande et belle femme dont le dévouement et la résistance physique sont sans limite, m'appelle très inquiète. « Monique, la poche a de nouveau gonflé, il a souffert horriblement toute la nuit et rien ne le calme. » Je sens ou pressens une rupture d'anévrisme : l'hôpital japonais s'est ouvert la veille, mais son programme est surchargé. Je supplie les Japonais de prendre Sy; Ukai, un chirurgien extrêmement compétent, accepte de nous aider.

Nouvelle course contre la montre. Christian, un ami, également dévoué à la cause humanitaire, règle avec moi les problèmes administratifs. Il faut trois signatures pour obtenir la permission de sortir un Khmer du camp. En une demi-heure, tous les obstacles sont franchis, une ambulance emporte notre malade.

Je prie pour que cette rupture n'ait pas lieu pendant le trajet. L'après-midi, un infirmier japonais arrive en courant : « Blood, blood! » « Mon Dieu, Sy! », l'anévrisme a lâché; on l'opère en urgence, il faut huit flacons de sang. Et l'on court encore, après les donneurs, après les Américains du labo. Enfin nous arrivons au bloc. Ukai me montre le trou qu'il a bouché avec un fragment de veine. Quelle délicatesse et quelle précision dans cette greffe si fragile! Rose May, Christian et moi sourions devant ce spectacle réconfortant. Plus tard nous recevrons un petit mot nous précisant que tout allait bien, que le « pied était chaud ».

Notre joie explose en recevant ce message qui par une phrase simple, presque naïve, nous annonçait qu'un homme venait d'être sauvé. Nous nous regardons en silence, émus par cette fraternité qui va au-delà des mots, des frontières de langage et d'éthique : reflet d'une communion immense dans l'amour de l'homme.

Ma mission se termine, mon contrat expire le 20 mai et je me sépare de mes malades en pleurant, le cœur serré à l'idée de quitter ce que je viens de découvrir.

Pour me réconforter, je m'accroche à mes projets : je garderai ma situation de façon ponctuelle, tout en continuant à lutter pour le bonheur des peuples afin de contribuer, dans la mesure de mes moyens, à la réduction de ces taches de misère qui recouvrent le monde.

L'expérience que je viens de vivre m'a trop apporté pour que je l'enferme égoïstement dans mes souvenirs. Au contraire, je veux m'ouvrir aux autres, et partager cette richesse nouvelle, en France ou ailleurs, avec ceux qui n'ont pas eu la chance de découvrir, encore, cette autre dimension que nous portons tous au fond de notre cœur.

MÉDECIN OUI
MALADE JAMAIS

UN calisson... Une truffe au chocolat... Une truffe... Un calisson. C'est bon la société de consommation!

Après avoir vécu une vie de brousse pendant trois mois, je me jette avec frénésie dans l'abondance. Quitter un univers de privation et de souffrances pour un monde repu et insouciant, ce n'est pas moral! Pourtant je ne me sens pas coupable. Ma mission s'est bien terminée, je me suis entièrement consacrée à ma tâche humanitaire et j'ai reçu en retour le plus bel atout de la vie : celui du cœur. Je l'ai précieusement enfoui dans mes bagages sentimentaux, et je le garderai ici, parmi ces gens que l'on dit heureux...

Pourquoi aurais-je honte de retrouver avec plaisir mes habitudes d'antan, celles d'un bien-être facile et de besoins artificiels? Je savoure avec délice toutes ces petites choses matérielles qui font partie des grands bonheurs. Fascinée par ces vitrines aux vêtements multicolores, par ces étals gorgés de fruits et de légumes, je me perds dans un royaume de couleurs et d'odeurs.

La France semble si belle, noyée dans la douceur

des jours d'été. Des nuits paisibles et des journées sereines : je vis au rythme de l'indolence. Avant de retourner à mes occupations laborieuses, je veux profiter de l'atmosphère insouciante des débuts de vacances. Au soleil de Provence, je redore mon corps; mon esprit assoupi par le bruissement des vagues n'entend pas vibrer l'intuition du malheur. Rien, non, rien ne me laisse prévoir qu'un virus ramené des camps, sinistre compagnon de voyage, m'enlèvera pour un temps mes belles illusions.

Début juillet

Ces brèves vacances achevées, je retrouve avec joie mon cabinet de chirurgie esthétique. Pourtant, les premiers temps, la reprise de contact est difficile : la nostalgie des camps, les moments exceptionnels que j'ai vécus là-bas, minimisent la valeur des actions que j'accomplis ici. Cependant, très vite je me rends compte que ce n'est pas parce que j'ai côtoyé en Thaïlande une humanité complètement démunie, que les problèmes de mes clients devaient pour autant me paraître mineurs.

Forte de cette constatation, et entraînée par une occupation fébrile, je retrouve mon enthousiasme d'antan. C'est fou d'avoir un tonus pareil à cinquante ans! Malgré trois mois passés dans des conditions climatiques difficiles, des nuits sans sommeil et une présence quasi permanente au chevet des blessés, je me sens d'une résistance inébranlable. Bien sûr en avril, j'ai eu une dengue, cette fièvre tropicale qui vous tisonne le corps pendant des jours et qui donne au visage ce faciès émacié et ce regard figé des danseuses asiatiques. J'en ai gardé les traits tirés, mais mon énergie semble intacte. Une fois ma période de malaise passée, lorsque j'ai retrouvé ma place dans mon univers familier, j'ai vraiment eu l'impression de vivre une seconde jeunesse.

Quel plaisir de constater que ma clientèle m'est restée fidèle : mon carnet de rendez-vous est complet, mon programme opératoire est surchargé, et je suis d'une humeur à affronter un travail titanesque.

Lever six heures trente, petit déjeuner avalé en vitesse, je me précipite à la clinique : on opère à huit heures, je ne marche plus, je cours! A quatorze heures, consultations, en fin d'après-midi, visite des opérés : alerte et volubile, je grimpe les étages quatre à quatre, un petit mot gentil pour chacun, quelques remarques d'ordre médical, mais toujours une présence disponible. J'exulte à nouveau, la vie me paraît belle, mon infirmière ne m'a jamais vue aussi épanouie, et je continue de tourner à quatre mille tours seconde.

Pourtant un signe prémonitoire aurait dû m'alerter sur la fragilité de ma situation. C'était en consultation : une brûlure du bras gauche si violente et si inattendue qu'elle m'arracha un cri. Une sensation étrange, presque satanique, comme si mon bureau venait d'être transformé en une plaque rouge et ardente. Je regarde ma peau. Bizarrement elle ne porte aucune trace apparente de cet épisode surprenant. La douleur, elle, disparaît comme par enchantement, et j'oublie cet incident qui me laisse toutefois une sensation d'amertume, tel le dormeur qui s'éveille d'un mauvais rêve.

Mais l'été a raison de mes pressentiments. Il fait beau, et je me dépense sans compter : tennis, cheval, golf, piscine, soirées disco et surtout... beaucoup de travail.

Le temps défile à une allure folle. Déjà le 15 août arrive avec sa nappe de chaleur, et je profite de ce long week-end pour m'envoler vers la Méditerranée. Allongée sur une plage, ou en équilibre sur une planche à voile, je profite à fond de ces quelques jours de détente. Ma santé se revigore au soleil du « Midi ». Décidément, je ne me suis jamais sentie en aussi bonne forme!

Le retour à Paris se passe agréablement. Je suis cependant un peu lasse, par abus de soleil sans doute. En retrouvant mon labeur quotidien, j'ai l'impression que mes forces ont diminué. Ce que je qualifiais d'insolation dure maintenant depuis plus de quinze jours, avec des maux de tête lancinants; cela me paraît très long et trop inhabituel... Quelques frissons, un rythme de vie qui se ralentit et les brûlures qui se ravivent, insinuent dans mon esprit un doute que je refuse.

Quel est ce mal étrange? Légèrement angoissée, je ne prête pas attention à l'évolution des symptômes; je ne veux pas compromettre mon équilibre par des suppositions troublantes. Je me réfugie dans la sérénité bienveillante des gestes routiniers pour rester invulnérable. Pourtant l'imprévisible demeure, l'habitude n'est pas une défense. Des mots, appris il y a longtemps dans des traités volumineux, émergent de mes souvenirs : lèpre, syndrome neurologique, maladie parasitaire.

Mes troubles s'accentuent. Incapable de dominer ma fatigue, je passe mes fins de semaine à dormir. Le vendredi soir après mon travail allongée sur un lit tout habillée, je n'ai même plus la force de me dévêtir. Seule ma chienne m'oblige à me lever pour sa petite promenade journalière. Et le lundi, la tête lourde j'essaie de lutter, pour respecter mon programme et pour pallier une situation financière qui s'est considérablement dégradée depuis les camps. Malgré mes efforts, mon courage diminue chaque jour, pendant que mes douleurs, elles, progressent. Je lutte, je lutte, mais hélas! mes mains commencent à trembler sur mon bistouri. C'est fini, j'abandonne le combat.

Le cœur serré, je consulte un confrère de Rouen :

« Monique, me dit-il, c'est peut-être un palu?

– Non, je ne crois pas, je n'ai pas de frissons, seulement mal à la tête et au bras.

– Dans ce cas, tu devrais effectuer un bilan de maladies tropicales. N'oublie pas que tu viens de passer trois mois sous les tropiques... »

Sous les tropiques? Les images du camp se bousculent dans ma mémoire, les barbelés, la poussière ocre, et la dengue dont les Européens sont si souvent victimes. Suis-je en train de supporter les conséquences d'une fièvre que j'ai attrapée là-bas?

Emotion imperceptible quand je reçois les résultats. Effectivement le séro-diagnotic de dengue se révèle positif. Il faut quitter R... immédiatement, approfondir mon bilan dans un service de médecine tropicale à Paris. Un mal inconnu s'est abattu sur l'île fragile de mes certitudes. J'ai la sensation d'être marquée par un sort sans deviner s'il sera maléfique ou non.

Je reprends confiance dans mon avenir, malgré ces mauvais présages, et c'est d'un ton joyeux que je quitte mes infirmières : « Dans cinq jours, je suis de retour », ou peut-être une semaine ou deux?... La voiture roule, et je me contente d'un présent qui me satisfait : je regarde les arbres qui défilent devant moi; et les notes tendres et nostalgiques des champs d'automne enveloppent mon âme d'une torpeur bienfaisante. Je me rassure; la vie ne s'arrête pas avec les saisons.

Paris me réveille, l'activité des autres me stimule. Je fais des courses, je dîne avec des amis, je chasse mes préoccupations. Demain je subirai un *check-up* rapide. Ce soir je profite de l'amitié des autres et du bonheur d'être parmi eux.

Lundi

Micheline, une amie de longue date, vient me chercher, les bras chargés d'un superbe bégonia, pour m'accompagner à l'hôpital. Souriante, je franchis vaillamment l'enceinte de cet univers familier que j'aborde sous un angle nouveau. Le premier jour, j'analyse mes sensations à défaut de subir des examens. Pas d'auscultation aujourd'hui, c'est trop tard! Trop tard par rapport à quoi? Je ne l'ai jamais su.

Le lendemain la machine se met en marche; la première étape consiste à rechercher des sensations – plus ou moins fortes. Une externe consciencieuse passe une aiguille sur l'ensemble de mon corps. Je regarde la pointe s'enfoncer dans ma chair. Curieusement, elle ne pique pas. Il faut recommencer. Autour des yeux, du visage, des membres l'aiguille me frôle puis m'attaque : je ne sens rien. Etrange insensibilité qui donne à ma peau le droit de percevoir la caresse en reniant la piqûre. L'étage médical est informé de l'étonnant phénomène qui trouble le service.

Le chef de clinique se déplace suivi d'internes intrigués et d'infirmières affairées. Que se passet-il? On me pose des questions : quels sont mes antécédents? L'interrogatoire commence, serré, la lumière brûle mes yeux, mais ce n'est pas un flash... c'est un rayon perdu. J'avoue avoir contracté la dengue, je décris ses sévices, mon visage brûlant, mes frissons collés de sueur. Je raconte tout, je fouille dans ma mémoire pour trouver des indices supplémentaires. Malgré ma bonne volonté le doute subsiste. La pièce maîtresse manque pour faire aboutir l'enquête.

Aucune conclusion n'est fournie pour fermer le dossier de ma maladie. Au contraire, les recherches se poursuivent; il faut mettre en œuvre tous les moyens existants pour déterminer le mobile de cette attaque insolite qui tue mes sens et déroute les esprits.

Le lendemain, l'examen est renouvelé. L'insensibilité persiste. Comment expliquer cette anesthésie naturelle? Personne ne trouve de réponse et je n'en demande pas. Mon état général est bon, je me repose de plusieurs mois de travail harassant et profite du passage de quelques amis pour bavarder, rire, oublier mes soucis immédiats.

Mardi

Les visites se terminent, il est huit heures. Mon dîner avalé, je pense occuper ma soirée à arroser mes fleurs. Je ne veux pas qu'elles perdent leur éclat. Ombres chaleureuses et douces dans cette ambiance d'hiver. De bonne humeur, je décide de me lever : un poids invisible me retient au fond de mon lit. Un peu d'engourdissement sans doute. Je réitère ma tentative; mes membres se réveillent lentement. Glisser hors de mes draps épuise ma volonté. Que m'arrive-t-il? Mes jambes se dérobent, mon bras ne répond plus. Le moindre effort me réclame une concentration extraordinaire. La réalité m'échappe. J'ai l'horrible impression de perdre ma normalité.

Révolte inconsciente d'un corps qui n'obéit plus. Un combat insolite entre la matière et l'esprit qui commence dans un sursaut d'espoir. Réunissant mes dernières forces, je m'oblige à faire le tour de ma chambre. Agrippée aux murs, soutenue par ma seule volonté, je marche, je trottine et saute autour de mon lit en disant : « C'est peut-être la dernière fois que je suis debout : profitons-en! »

Médusée et non épouvantée par cette situation inexplicable, j'appelle un ami : « Allô, Jean-Pierre, devine ce qui m'arrive, je suis paralysée. – Mais Monique, me répond-il incrédule, je viens de te quitter! – Oui, je sais, mais depuis ton départ il s'est passé quelque chose d'incroyable. J'ai voulu arroser le bégonia et j'ai eu un mal fou à me déplacer. Je ne sens plus mon bras gauche ni ma jambe gauche... »

Tout en parlant, je pense à ces nerfs qui doucement s'endorment, puis à ces membres qui lentement s'affaissent; les mots résonnent dans mon esprit, et l'angoisse, sans éclats, s'empare de mon âme et la paralyse; or la paralysie de l'âme, c'est la mort de l'espoir. J'essaie de me reprendre et me donne des consignes : surtout rester lucide, dominer ma peur et éviter tout affolement. Je ne dérangerai personne. Pourquoi appellerais-je un interne de garde? Pour qu'il constate une fatalité à laquelle je ne saurais échapper? Je pressens mon destin immédiat : une lutte permanente pour retenir la vie, pour faire reculer les limites de ma nouvelle maladie. Car je suis devenue en quelques heures une invalide frappée d'hémiplégie. Mon hémicorps gauche est paralysé. Si mon diagnostic se confirme, je vais devenir complètement grabataire.

La solitude morale, dans ces instants tragiques, est la pire des souffrances; je m'accroche à la voix de Jean-Pierre pour lui confier ma douleur, et pour retrouver dans sa voix le reflet de mon image perdue. Le réconfort des mots est parfois le meilleur des remèdes... Je traverse calmement ma première nuit de paralytique.

Mercredi

Ma jambe droite est morte. Impossible de la bouger. C'est horrible. En quarante-huit heures, j'ai perdu l'usage de mes jambes et de mon bras gauche. Mes membres, inertes, ne signalent leur existence qu'à travers la souffrance. C'est fou de ne plus avoir de jambes, de ne plus savoir où elles sont et d'en souffrir.

Mon entourage médical observe l'évolution fulgurante de mes symptômes. Au cours d'une deuxième consultation, la neurologue épingle ma douleur d'un mot : « Guillain-Barré. » Ce qui signifie entre trois et quinze mois peut-être de paralysie, mais une récupération certaine. Un long tunnel qui s'ouvre toujours à la lumière.

Malheureuscment, à la suite d'une ponction lombaire, le diagnostic se révèle inexact. Mon bel optimisme s'effrite : l'horizon de ma vie se bloque sur l'image d'une invalide en habit blanc. Pour me rassurer, je me cramponne à la certitude de la science. Mais les praticiens eux-mêmes ne savent pas, ou ne veulent rien dire. Quelle épreuve pour un médecin de se heurter à son propre savoir! Ne pouvoir comprendre son état, détourner les questions évidentes pour esquiver la vérité! L'ignorance me rend lâche. Je cherche des réponses dans le regard des autres et me cogne contre l'incompréhension. La réalité me tient prostrée sur un lit d'hôpital, et je pleure. J'ai beaucoup pleuré, noyant ma révolte dans des larmes impotentes. Ma pitié m'inonde, ultime consolation. Pour me punir de cette faiblesse, j'alourdis mes cils d'un rimmel vengeur. Ma main droite encore valide s'efforce, par cet artifice innocent, d'écarter la peur qui m'envahit.

Mon appréhension se justifie pourtant, dans une remarque que le docteur chuchote discrètement à l'oreille de l'infirmière : « Surveillez-la sur le plan respiratoire, c'est un phénomène ascendant. »

Jeudi

La lutte commence. L'angoisse de ne plus pouvoir respirer ravive en moi une énergie amoindrie par la souffrance. Je n'irai pas en réanimation. Plutôt mourir! Je sais trop bien ce que dénonce le verdict de ce mot. Je revois ces salles que je fréquentais autrefois en tant qu'interne. Le souvenir de ces pièces silencieuses, sans fleurs, sans paroles accueillantes, où seule est perçue la plainte lancinante d'une respiration mécanique, me glace et me désespère. Des morts vivants retenus à la vie par un poumon d'acier! Jamais je ne supporterai la contrainte de cette respiration assistée.

La révolte est vaine face à l'implacable décision de la nature. Mes troubles respiratoires s'accentuent bien que mon pouls soit lent, et... les fausses routes commencent. Ma glotte se paralyse, je ne contrôle plus ma salive qui glisse vers mes bronches, déviant son trajet initial qui doit la conduire dans l'œsophage.

Il faut à tout prix que j'évite ces « fausses routes », sinon bientôt mes aliments eux-mêmes descendront vers les bronches. Alors, ils me feront une trachéotomie et me maintiendront sous assistance respiratoire. J'ai peur. J'imagine des jours qui s'égrènent, tous semblables, avec pour seul horizon un plafond blanc, et pour seule joie la présence figée d'amis auxquels je ne pourrai plus répondre.

Mais je n'abandonne pas le combat; c'est tout ce qui me reste. Profitant de quelques instants de sursis, j'exprime ce que je pense être mon dernier souhait de femme d'action. Déjà mes mots s'articulent mal, il faut faire vite; Jean-Pierre est près de moi. Je lui demande de m'écouter sans m'interrompre car cette prière sera peut-être mon salut :

« Tu sais, même si je vais en réanimation ce soir, je veux me battre jusqu'au bout. Je risque de ne plus pouvoir te parler qu'à travers des codes. Tu oublieras ma voix, mais moi, je ne veux pas oublier l'image que j'étais en rentrant de Thaïlande. Je veux que tu places en face de mon lit une photo de moi, à cette époque où tout me souriait. Ensuite tu poseras une affiche où je verrai la mer, le sable, et surtout le soleil; pour que je me souvienne de la beauté de la vie. Et je regarderai sans relâche l'affiche et ma photo, et me dirai qu'un jour, c'est sûr, je redeviendrai comme ça... Tu diras aussi au coiffeur de venir ici, me faire des mèches, pour que mes amis, quand ils viendront me voir, disent : « Malgré tout ça, elle n'a pas vraiment changé. »

Pour ne pas démissionner, il faut se donner des garanties afin de mieux lutter.

Samedi

La nature est parfois généreuse, et nous évite ainsi d'user nos ardeurs belliqueuses.

Une phrase, quelques mots, prononcés par la neurologue, ravivent en moi la petite flamme d'espoir qui refusait de mourir : « Vous êtes paralysée par la peur, mais vous devez pouvoir avaler. »

Tout en parlant, elle me soulève la tête avec douceur, verse un peu d'eau dans ma bouche et le miracle se produit : je déglutis sans heurts. Le plus dur est passé. Au moins une certitude parmi toutes ces errances, j'échappe à la réanimation, définitivement et sans appel.

L'épreuve la plus pénible de mon chemin de croix s'achève; mais la souffrance, elle, persiste. Je souffre horriblement, à la fois de l'esprit et du corps. Moralement, très éprouvée, je supporte mal la perte de mon autonomie. Etre une malade grabataire quand on est une personne aussi remuante que moi, c'est atroce. Je suis lavée de la tête aux pieds; on me roule sur mon lit pour changer mes draps, on prévient mes escarres en me massant les fesses comme à un vieillard. Le souvenir de ma mère me hante, avec son corps de moribonde couvert d'escarres et de plaies : je suis devenue une vieille femme infirme, avec une tête jeune pour la regarder.

Mes formes se défont pour se confondre dans une masse gélatineuse. Mon ventre est gros et rond, mes abdominaux s'affaissent. Mes hanches descendent vers le lit, pour rejoindre mes fesses qui ont fondu sans élégance. Un batracien au repos n'aurait pas plus de grâce! Mes jambes se sont amollies, et à l'horizontale, les muscles pendent lamentablement, ce qui met en relief deux saillies rondes aux formes grotesques. Je regarde mon corps et ne le reconnais plus; en quelques jours, il s'est déhabité : déserté par la chair et la vie. Et j'assiste avec effroi à cette rapide dégradation qui ne respecte ni la beauté du corps, ni la dignité de l'âme.

Dimanche

Totalement dépendante, je suis soumise à la sujétion du plat bassin. Etre assistée quand on a toujours assisté, c'est insupportable. Pour me défendre contre une déchéance qui m'accable progressivement, je demande à un infirmier très gentil et très costaud de me porter aux toilettes. Il m'aide régulièrement et, dans cet acte quotidien, je retrouve un peu de cette humanité qui me donne l'illusion d'être responsable de mes actes.

Depuis le début de mon hospitalisation, chaque jour apporte un petit drame.

Aujourd'hui, je me suis sentie très humiliée par un problème qui peut, pour un bien portant, paraître tout à fait mineur. L'affaire remonte à ce matin quand les infirmières sont venues dans le but – positif d'ailleurs – de me placer dans un fauteuil. Elles me calent fermement entre deux oreillers pour m'éviter de tomber, puis me laissent seule sans sonnette, avec le téléphone à portée de la main. Tout semble parfait. Mais hélas! quand on est malade la distance des choses prend des proportions nouvelles, et les êtres valides n'ont pas conscience de ces nouveaux rapports. Ils ne savent pas à quel point l'environnement de l'invalide se transforme, avec quelles difficultés une femme figée sur une chaise tente de joindre un téléphone qui semble pourtant si proche...

La sonnerie retentit, décrocher doit être facile. Je me penche pour atteindre le combiné. Je rassemble mes forces pour tendre mon bras au maximum, mais mon côté gauche, inerte, ne me sert plus. Encore un effort! mais mon corps ne répond pas, et, de plus, je risque de tomber en me cassant le bras droit, mon seul membre valide... Je suis donc dans cette position absurde et révoltante d'être à la portée d'un téléphone que je meurs d'envie de décrocher, et de me trouver dans l'incapacité absolue de le faire. Intolérables sensations d'impuissance : la sonnerie retentit, ayant pour unique écho, mes appels désespérés.

Mon caractère d'un naturel optimiste ne sombre pourtant pas dans un désespoir sans retour. La foi profonde qui m'a toujours soutenue à travers les épreuves ne m'a pas quittée. Seule mon énergie a diminué. Avec un peu de repos, le courage reviendra.

L'expérience que je vis doit certainement être utile à quelqu'un, mais j'aimerais bien savoir à qui!

Deux semaines plus tard...
Les jours se suivent mais ne se ressemblent pas sauf pour la douleur, qui, elle, est toujours là.

Pour me consoler de mes malheurs, je parle à mes fleurs. Symboles de beauté, de bonheur et d'espoir, elles égaient mes moments de solitude. Leur présence me réconforte et me rappelle ma vie d'antan, pleine de couleurs et d'amour.

Quand je reçois de nouvelles fleurs, je les présente aux autres, en disant : « Vous êtes nouvelles, vous arrivez dans un parc de fleurs inconnues, toutes fraîches, la tête haute. Mais ici, il fait très chaud et comme vous le constatez, vos voisines ont moins d'éclat que vous. Si aujourd'hui vous êtes les plus belles, dans trois jours, vous serez comme vos compagnes, pratiquement fanées. Effectivement, ce n'est pas drôle, mais ce qui est certain c'est que vous allez mourir très aimées. Vous êtes donc privilégiées, et vous devez vous considérer comme telles. Il y a tant de fleurs qui meurent dans les jardins et que personne ne regarde. »

Et moi, qui suis entourée d'une famille et d'amis, pourrais-je encore me plaindre? La maladie rend égoïste, c'est vrai, mais l'amitié des autres m'aide à sortir de moi-même. Craquer un cocon avec des ailes brisées, c'est difficile, mais c'est le seul moyen de jaillir à la vie.

Ce qui m'arrive n'est pas une catastrophe. C'est une « tuile ». Ce n'est qu'une infirmité provisoire, je vais récupérer. Pour soutenir un moral défaillant, j'appelle une amie psychanalyste en lui demandant de faire un *testing* : « Je traverse une épreuve très difficile, j'ai peur de m'effondrer. Venez me voir. »

Elle vient, nous bavardons et elle conclut avec honnêteté : « Vous êtes tout à fait capable d'assumer seule ce qui vous arrive. Très sincèrement, je ne vous serais d'aucune utilité, mais surtout tâchez d'occuper vos journées. » Occuper mes journées? Ce conseil ne resta pas lettre morte, car je décidai immédiatement d'entreprendre des choses « énormes »!

Une constatation simple me vint à l'esprit : si je ne peux pas marcher, il me reste mon bras droit et ma tête, pourquoi ne pas les utiliser? Ce fut dès cet instant le début d'un mal étrange que je qualifierai de « téléphonite » aiguë. Grâce au téléphone je m'occupe désormais d'une multitude de choses, je fais des prouesses. Impossible de m'arrêter dans mon élan. Je suis partout à la fois, en pensée tout au moins. Je me mêle de tout, au grand dam du chef de service consterné par tant d'agitation et dérangé par l'incessante allée et venue de mes visiteurs.

Tout m'intéresse, me passionne. Je passe des journées entières à regarder des gens marcher. Un pied devant l'autre, c'est idiot mais ça paraît merveilleux quand on est grabataire. La chambre est conçue de telle façon que, de mon lit, je peux voir le monde qui m'entoure. La fenêtre se prolonge jusqu'au sol. Sans effort, je vois les autres s'agiter devant moi, et ce mouvement me fascine. J'écris à l'architecte qui a conçu ce bâtiment pour le remercier de son initiative, et je reçois la réponse suivante : « Madame, je vous remercie pour vos appréciations qui m'encouragent dans mes recherches pour le mieux-être des malades, du personnel et du public. »

La bonté des autres me redonne courage; j'ai décidé de me battre. Avec ou sans hémiplégie.

Comme première tentative, je m'occupe du rapatriement de réfugiés cambodgiens. La chance me sourit, car la personne qui vient régulièrement vider la poubelle est un jeune Cambodgien, rapatrié à Paris grâce à l'intervention du chef de service. Sai a perdu toute sa famille dans le génocide de son peuple, il ne connaît personne en France et ne parle même pas français. Mon vocabulaire khmer retenu des camps s'avère trop pauvre pour mener une véritable conversation, mais, malgré mes faibles connaissances linguistiques et mes gestes limités, je réussis à lui faire comprendre ce que je désire : tout simplement rencontrer dans ma chambre, le comité d'entraide des Cambodgiens à Paris! Ce n'est pas facile quand on n'a qu'une main et une barrière de langage presque infranchissable. Mais avec beaucoup de bonne volonté, on arrive toujours à se faire comprendre...

Je conserve l'essentiel : le regard et la voix, et cette communication, c'est la moitié du bonheur.

Depuis ce jour, ma vie est devenue une traduction permanente de moi-même à téléphoner aux autres. J'appelle, je reçois des appels. Une téléphonite délirante qui s'élève à un tel degré d'absurdité que je ne vois même plus les amis qui me rendent visite. Paradoxe étonnant : mes amis conversent entre eux à mon chevet pendant que je téléphone. Au moment où je raccroche, tout le monde part. Je veux profiter d'eux, mais ils n'ont plus le temps, et pour cause...

Ma chambre est devenue un véritable bureau de femme d'affaire. Des amis me confient des rapports dont l'objet d'ailleurs m'est totalement inconnu. Je rédige des documents confidentiels, des lettres de réponse à un courrier volumineux. J'affronte mes assurances qui, comme toujours, ne veulent pas payer. Une occupation saine mais excessive. En fin de journée, exténuée, je rêve de calme et de tranquillité...

Cette activité fébrile est vraiment positive. Je m'ouvre aux autres, à leurs problèmes. Loin de me replier sur moi-même, l'expérience de la paralysie me met à l'écoute de tous. Tout m'intéresse, le sort de chacun prend une importance unique à mes yeux. Les brancardiers qui me convoient m'exposent leurs soucis, et me racontent des plaisanteries qui m'amusent follement. Que d'histoires avec leur chariot à roulettes qui ne tournent pas toujours rond!

Je suis même devenue une triplégique heureuse.

Les jours se suivent et ne se ressemblent toujours pas... sauf pour la douleur, qui, elle, est encore là.

Parallèlement à mes nombreuses activités, il y a ma vie de femme malade, avec tous les services, toutes les attentes, les couloirs, les gens gentils, et ceux qui le sont moins. Certains vous bousculent. En radio, ils parlent sévèrement : « Ne bougez pas, rentrez dans la cabine », mais les patients ont peur de rester dans une pièce sans lumière, ils veulent une explication. Le malade a continuellement besoin d'être rassuré. Il suffit d'un peu de compréhension de la part du médecin.

Dans l'ensemble cependant, le personnel hospitalier est très humain. Je me souviens notamment de l'infirmière qui me fit mon encéphalogramme et qui m'a énormément touchée par sa gentillesse.

C'est un examen très impressionnant pour quelqu'un qui ne connaît pas le système. Je n'ignorais rien du procédé, mais j'écoutais attentivement les indications qui m'étaient données : « On vous mettra des sortes de bigoudis avec des fils électriques, on vous badigeonnera les cheveux de pommade. Ce n'est rien, ça partira. Tout ça fait très peur, on a l'air de vous faire un électrochoc, mais en réalité vous ne sentirez rien du tout. On va simplement enregistrer les courants qui passent dans votre cerveau. » Scientifiquement, ce bref exposé ne m'apprit rien puisque je possédais déjà la technique, mais humainement ce fut une belle leçon de disponibilité.

A la fin de l'examen, on m'installe sur une chaise

roulante pour me raccompagner, lorsque je me heurte à un spectacle insolite. Un monsieur assis sur un fauteuil me fait face. C'est un homme d'apparence raffinée, aux mains bien faites mais qui est affublé de la plus étrange façon. Mal rasé, un pansement de travers sur le sommet du crâne, les jambes rougies de mercurochrome, il porte une robe de chambre de l'Assistance publique et deux morceaux de tricot noués en guise de chaussettes. Ses yeux sont sombres et gonflés comme des boulets de charbon. De toute évidence, il s'agit d'un accidenté.

Mon image doit être également pitoyable, avec les faux bigoudis, et la pommade qui commence à fondre et à dégouliner le long de mon visage.

Mon vis-à-vis est soumis à un examen rapide, puis nous partons ensemble, chacun poussé par un Antillais. Nous découvrons très vite les souterrains de l'hôpital, un monde inconnu des profanes, où les initiés s'abritent de la pluie et du froid. Les couloirs résonnent de voix créoles. Les victimes, elles, ne parlent pas. Ensemble nous abordons l'ascenseur, les manœuvres sont telles que nous rentrons de front. Silence. Je n'y tiens plus, ma curiosité l'emporte; comment ne pas adresser la parole à un pauvre homme auquel il a dû arriver quelque chose de très triste. Finalement la glace est rompue par l'un des Antillais qui fièrement s'adresse à son copain : « Tu sais, moi, je promène une femme chirurgien. » Profitant de l'occasion, j'interviens dans la conversation, en demandant à mon voisin ce qu'il fait dans la vie. « Je suis opticien », me répond-il avec le plus grand sérieux. Fou rire, il avait deux yeux au beurre noir ce qui est le comble pour un opticien! Sur cette note joyeuse nos destins se séparèrent, et je n'ai jamais revu l'homme au regard de braise...

Un mois après...
Les jours se suivent et se ressemblent trop...

Toute l'agitation fébrile des dernières semaines s'est ralentie, pour laisser place à la monotonie. Je m'ennuie. Je ne m'habitue pas à ma nouvelle situation, je ne me sens pas à ma place, en tant que médecin dans un lit d'hôpital. Jouer le rôle à l'envers m'apprend pourtant beaucoup sur les erreurs de ma profession. J'observe sans malice l'action de mes confrères, j'essaie de comprendre, mais il est impossible de se mettre totalement à la place de ceux qui vous soignent.

Le malade a des préoccupations tellement différentes. Sa vie se réduit à sa souffrance. Mais le médecin, lui, doit guérir une multitude de maladies. Son temps est compté. Il n'a que quelques instants à vous accorder alors que vous en réclamez beaucoup plus. La faiblesse a besoin de présence, mais les forts ne peuvent pas s'arrêter. J'ai moi-même énormément souffert du manque de chaleur humaine qui a régi mes rapports avec les Patrons qui s'occupaient de moi.

Pendant trois mois, je crois m'être comportée en malade type, je leur faisais confiance et respectais leurs avis.

Lorsque je suivais un malade, j'aimais le faire à fond, en parfait accord avec mon patient. Désormais, c'est moi qui suis soignée et je m'efforce de respecter cette éthique, car pour être bien soignée et aimée il faut se comporter comme une égale et non comme une rivale.

Malgré tous mes efforts, ce fut un échec. Si le personnel hospitalier m'a bien traitée, les médecins, eux, m'ont très mal acceptée. Ils m'ont mal assumée, je suppose, parce que je leur donnais une image d'eux-mêmes qu'ils voulaient ignorer. Ils se sentent invulnérables face à la maladie et je les gêne : ils ont dans leur lit un chirurgien paraplégique et ne savent pas ce qu'il a.

Mes confrères m'évitent. Pourquoi ne viennent-ils pas plus souvent? Ont-ils peur que je pose des questions auxquelles ils ne sauraient répondre? Face au malade traditionnel, pour éviter les difficultés, on peut décrire les symptômes dans des termes très scientifiques, sans aboutir à des conclusions définies; on peut également lui affirmer que son cas est parfaitement maîtrisable et guérissable. Mais un médecin, malade malgré lui, ne se contente pas d'explications vagues. Il peut réfuter toute argumentation fallacieuse. Que faire? Mes confrères sont désemparés. Ne poser aucun diagnostic? c'est impossible. Se tromper? c'est inadmissible. Et je comprends leur désarroi, mais regrette que nos rapports ne soient pas plus empreints de simplicité.

L'orgueil tue les relations entre les hommes. Chacun s'enferme dans une forteresse illusoire pour se défendre de ses faiblesses. Pourtant l'imperfection est notre vraie nature. Refuser cette réalité détruit toute recherche de communication. Allongée dans mon lit, diminuée physiquement, je n'ai plus la vanité des bien portants. J'aurais tant voulu qu'une personne s'approche de moi pour dire : « Votre cas nous est inconnu, mais nous ferons tout pour trouver. » Des phrases directes et vraies qui m'auraient fait du bien..., mais personne ne les a prononcées.

Les Patrons se veulent omniscients, mais la science ne peut rien contre le hasard. A la suite du résultat négatif concernant la maladie de Guillain-Barré, on est plus vague, on invoque une polynévrite, « une neuropathie périphérique d'évolution régressive, probablement en rapport avec une virose d'origine exotique ». Et voilà! Je l'ai ce diagnostic que je réclame depuis si longtemps, je devrais être satisfaite..., pourtant je ne le suis pas, car ils ne peuvent rien prouver.

L'unique certitude que je retiens, c'est la liaison qui existe entre ma maladie actuelle et la dengue que j'ai contractée en Thaïlande.

Insatisfaite, je demande des précisions : « Croyez-vous que je pourrai réopérer? » Ma main inerte m'enlève tout espoir. Réponses contradictoires : « Mais oui, c'est évident! » Une autre fois : « Pas sûr, votre main fonctionne mal. » Et moi, qui dois-je croire? La vérité n'est pas toujours bonne à entendre mais, bien comprise, elle peut être un atout. Finalement c'est à moi de choisir. Malheureusement, j'ai trop peu d'indices pour être rassurée.

Un matin de visite, ma patience rongée par une nuit diabolique, j'éclate : « Ecoutez, ça m'est égal de savoir ce que j'ai, si j'en sors ou si j'en meurs ou si je reste paralysée. Ce que je vous demande c'est un traitement symptomatique. Traitez le symptôme, calmez-moi! » Mais malgré mes plaintes, je suis restée quatre heures, seule, oubliée du monde. Quatre heures de détresse parce qu'ils n'ont pas voulu déranger les ordres pendant la visite. Mais un malade qui souffre, ça dérange tous les ordres! La hiérarchie n'existe plus face à la douleur. Certains auraient-ils tendance à oublier qu'ils ont affaire à des êtres humains, bâtis comme eux, qui ont droit au bien-être?

Et un jour... la douleur s'efface...

Avec le temps, ma douleur se dilue dans une sorte de « mal être » permanent mais supportable. Progressivement ma santé s'améliore. Mon corps reprendrait-il sa forme? Imperceptiblement, je retrouve la sensation de mes membres. Mes doigts de pied commencent à bouger, les médecins me disent : « Vous allez récupérer, c'est sûr. » Première certitude dans ces mois de brouillard incertains. Quel bonheur de se sentir revivre! Tout me paraît drôle, même le côté le plus sordide de ma maladie.

Le traitement contre les escarres devient même sujet à plaisanterie. En effet, les infirmières me massent depuis quelque temps avec un liquide incolore qui semble être de l'eau de toilette. Intriguées par l'absence d'odeur du liquide, elles m'interrogent sur l'origine de cette substance étrange qui n'a aucun parfum. Est-ce vraiment de l'eau de Cologne? Surprise moi-même, je mène plus à fond mon enquête, et je goûte : « C'est de l'eau! – Eh bien, disent les infirmières, on vous a fait une bonne blague. » J'acquiesce, et nous versons – ô hérésie – le contenu du précieux flacon, dans le lavabo. Ce n'est que quelques jours plus tard que ma sœur, étonnée de ne pas voir cette jolie bouteille, me précise : « J'avais oublié de te dire, je t'ai apporté, la dernière fois, de l'eau de Lourdes... » Quel ne fut pas notre étonnement de découvrir la source de cette eau miraculeuse qui fit – si j'ose écrire – merveille sur mes fesses endolories!

Des éclats de rire égaient, de plus en plus souvent, ma vie de malade. Je redeviens gaie et insouciante. Je raconte des histoires saugrenues à mes amis qui arrivent avec des visages consternés et repartent en riant. Contraste étonnant d'une femme paralysée, clouée sur son lit d'hôpital et qui dégage autour d'elle une énorme joie de vivre : « J'ai beaucoup de chance vous savez, mon état aurait pu devenir dramatique. » Je leur raconte des anecdotes sur ma vie d'hôpital, mes aventures quotidiennes : « Hier, il m'est arrivé quelque chose d'amusant. Imaginez-vous qu'un Africain est venu m'emprunter du fil pour recoudre quelque chose. A ce moment-là, il me montre ses gants troués de partout. De vraies mitaines! Je lui explique qu'il n'arrivera jamais à les enfiler. Peu importe il veut son fil. Je lui demande quelle couleur il désire. Il me répond : noir bien sûr. C'était insolite parce que ses gants étaient totalement blancs avec seulement un petit liséré noir. Et ce n'est pas fini! Le même jour, on faisait ma toilette dans le plus simple appareil quand j'entends les cris horrifiés d'une de mes aides-soignantes : « Oh! veux-tu t'en aller, s'écriait-elle, qu'est-ce que c'est que ces manières! » Moi-même, le dos tourné à la porte, je ne comprenais rien à ce remue-ménage. Que se passait-il? Eh bien tout simplement, mon voisin sénégalais avait collé ses deux yeux, exorbités par la curiosité, contre la vitre à claire-voie, fasciné par ce *one woman show*. Au fond il n'avait pas tort. »

Ma vie d'hôpital s'anime au fur et à mesure que mes forces reviennent. Mon activité reprend, débordante, excessive. Désormais, je m'assume complètement comme paraplégique et pense à mon avenir. La Croix-Rouge internationale, avec laquelle j'ai effectué ma mission en Thaïlande, ne m'a pas abandonnée. Bien au contraire. Cet organisme m'a énormément soutenue dans mon épreuve, à travers des marques d'intérêt très émouvantes. Il y avait eu tout d'abord le télégramme d'Alexandre Hay, président du CICR, qui me priait de ne pas perdre courage. Puis il y eut la visite d'un délégué de Genève, Rémy, médecin-chef, plein de compassion, qui fut d'un grand réconfort moral. Ils furent les premiers avec Mireille de la Croix-Rouge française à me redonner espoir : « Vous verrez, vous vous en sortirez, et vous continuerez à nous apporter votre aide. »

J'atteins la sortie du tunnel, je suis de nouveau utile à la société. Même sans jambes, je peux contribuer à la grande mission humanitaire. Ne pouvant plus opérer moi-même, je transmettrai mon savoir afin que mes connaissances se perpétuent par cerveaux interposés. Je communiquerai l'amour de la chirurgie, la beauté des techniques et la précision du geste. Toute ma vie se consacrera au bonheur des autres.

En rééducation, j'ai découvert un monde d'invalides comme moi, qui s'assument merveilleusement. Je les admire, et en les côtoyant je recommence à croire que j'ai toutes les chances de récupérer un jour. Ce que je vis n'est pas une mésaventure, mais une aventure. Oui, une autre aventure.

Mon destin m'a fait découvrir le monde des handicapés : il y a certainement une raison. Je repense à cette phrase de Nietzsche : « Tout ce qui ne nous anéantit pas nous rend plus fort. » Je sors de ce drame plus forte, mieux armée pour me battre. À travers les combats que j'ai dû mener dans ma vie, je me suis endurcie. Non pas comme les autres, mais pour mieux résister aux contraintes qui m'accablent.

J'ai exprimé cette idée à une de mes amies qui me plaignait de toutes ces infortunes qui se sont accumulées sur ma pauvre tête : « Ce n'est pas juste, moi qui suis si heureuse, toi qui subis toujours des drames. » Je lui ai répondu : « Tu sais, je suis tellement habituée à connaître des difficultés que je suis beaucoup moins vulnérable que toi. Par conséquent il vaut mieux que le mal s'abatte sur moi, car je sais me défendre, alors que toi tu risques de t'effondrer. »

Je n'ai jamais envié le bonheur des autres. Je n'en ai jamais voulu à mon destin de me soumettre à tant d'épreuves. Le hasard a voulu que je naisse avec un caractère fort, il est normal que la lutte soit plus dure pour moi. Parfois, c'est vrai, je suis victime d'événements au moment où je m'y attends le moins et c'est très pénible. Pourtant, il faut être là, être présent pour les autres, toujours, même quand la vie vous fait mal. Car l'ouverture sur le monde est notre seule chance de salut. Je l'ai vraiment compris quand, récente grabataire, j'ai retrouvé l'espoir en apprenant à mieux écouter ceux qui m'entouraient. Les gens sont très touchés que l'on s'intéresse à leurs problèmes. Il suffit de leur parler pour qu'ils perdent leur agressivité.

Un jour, de mon lit d'hôpital, je téléphone à un ami. Brusquement notre ligne est coupée. Je joins la standardiste pour le lui signaler; grognements : « Je sais bien que vous êtes coupée, que voulez-vous que j'y fasse! – Mais ce n'est pas un reproche, c'est une constatation, je ne me fâche pas, je rappellerai plus tard. Ce n'est pas grave, nous sommes toutes les deux victimes de la technique. » Elle éclate de rire. Rare occasion pour une standardiste! car elles pratiquent un métier très fatigant, nerveusement épuisant. Comment rester aimable quand on est entassé à trente dans une pièce surchauffée, pour connecter d'incessants appels? Je la félicite de supporter un travail aussi abrutissant, elle me demande alors si ce n'est pas trop ennuyeux pour moi d'avoir ainsi interrompu ma conversation : le dialogue désormais existe grâce à une approche plus humaine d'un problème quotidien. Il faut annihiler l'agressivité par la compréhension pour adoucir les relations entre les hommes. Le respect de l'individu est un sentiment simple, pourquoi l'avoir oublié?

La maladie m'a appris la valeur de la patience, celle qui apaise et qui donne aux autres l'impression d'exister. Je découvre que j'ai une nouvelle mission à accomplir, moins palpable peut-être qu'une action directe sur le terrain, mais tout aussi importante. Aider ses proches est souvent plus difficile à réaliser que de soutenir une misère lointaine. Dès maintenant, je me consacrerai à ceux qui m'entourent. Une tâche complexe qui nécessite de dépasser son égocentrisme pour se mettre à la place des autres. Car derrière chaque être, chaque métier, et derrière chaque raison d'être, il y a un individu qui nous ressemble. Actuellement on a peur d'aller vers autrui, par crainte d'être blessé. Seuls les rapports de peur dominent, il n'y a plus de communication.

L'absence d'échanges tue l'enthousiasme. Il faut réapprendre à parler, à écouter. Une jeune Antillaise me racontait : « Ici en France, les gens sont très fermés. Là-bas, dans mon île, si une personne fait un gâteau, tout le quartier en profite. » La solitude des grandes villes se concrétise par l'existence de millions de personnalités différentes qui se côtoient sans jamais se connaître. Une foule solitaire et grise qui se déplace dans la méfiance; une méfiance qui détruit les contacts humains. Pour se protéger, chaque individualité s'enferme dans un carcan de conventions, de faux-semblants. Pourquoi ne pas faire sauter quelques verrous, pour obtenir plus de spontanéité, plus de simplicité. La vie serait tellement plus belle si nous étions plus vrais!

La maladie, en m'arrachant à mes habitudes, m'a fait prendre conscience de la vanité de nos certitudes. La souffrance balaie toutes les hiérarchies, tous les artifices que les hommes construisent pour se séparer. L'essentiel réside dans les sensations que l'on éprouve, dans l'amour que l'on veut partager. L'expérience de la paralysie a développé en moi une nouvelle philosophie du bonheur plus positive, plus intense.

Je pense à mon hospitalisation, à mes moments de dépression, à mes difficultés financières... mais aussi à toutes ces joies quotidiennes qui ont ébloui mes périodes sombres : l'émotion que l'on ressent devant les gestes d'amour, d'amitié, ou de simple bonté.

Je me souviens notamment d'une marque d'attention qui m'a profondément bouleversée : au temps de mes « beaux » jours, j'allais régulièrement chez le coiffeur à Boulogne. Or, dans un lit de malade, les cheveux blanchissent vite. Je décide de réparer cet outrage, en faisant appel à la personne qui me coiffe habituellement, lui demandant si elle accepterait de venir pour mes mèches à l'hôpital.

Le dimanche suivant, Rosy arrive, prenant sur son temps libre, pour m'aider, à sa manière, à supporter mes contraintes quotidiennes. Elle m'offre des fleurs, des orchidées superbes, ce qui m'émeut beaucoup, et se met immédiatement au travail. Sa tâche n'est pas facile! Afin qu'elle puisse teindre mes cheveux, un infirmier me porte et me soutient près du lavabo et me maintiendra dans une position, mi-debout, mi-assise, pendant toute la séance. Quelle installation extraordinaire! nous ne sommes vraiment pas équipés pour ce style de prestation et Rosy, incrédule, répète inlassablement : « Ça c'est pas ordinaire, ça c'est pas ordinaire! » Je ris de cette situation loufoque. Elle m'accompagne dans cette gaieté, et je crois que ce moment de bonne humeur, je ne l'oublierai jamais.

Je n'oublierai pas non plus son geste de refus quand j'ai voulu régler mes dettes : « Non, madame, c'est la maison qui vous l'offre, on m'a donné tout le matériel, c'est un cadeau. » Elle n'accepta rien pour elle-même, et ce témoignage de tendresse de la part d'une femme qui me connaît à peine est une fleur que je joins au bouquet de mes joies.

Le bonheur est un chemin parsemé de fleurs et de pierres. Des ombres souples et colorées que l'on regarde avec plaisir, des formes dures et aiguisées que l'on piétine avec douleur. La vie est pleine d'embûches qui font mal au pied : les pierres que l'on sent, que l'on ressent et sur lesquelles on bute; les malheurs jonchent notre marche inévitablement, tout le monde les rencontre.

Mais en même temps, il y a les fleurs, celles du bonheur qui bordent le chemin. Quand une pierre nous fait trébucher, nous devons nous pencher pour cueillir la fleur qui pousse à côté. Le bonheur se crée au fur et à mesure que nous avançons dans la vie. Ce n'est pas une entité philosophique absolue, mais une accumulation d'impressions heureuses. Quand on est enfermé dans les barbelés, il y a l'amitié, le sourire d'un copain. Des bouffées d'oxygène qui sauvent de l'étouffement et retiennent l'espoir.

Un espoir qui se construit au moyen d'artifices légers, qui, mis bout à bout, forgent une foi profonde dans la vie et les hommes. Un malheur terrible peut tuer s'il n'y a pas le tremplin de l'espoir. Perdre un enfant est une tragédie qui ne finit jamais. Pourtant j'ai vu des parents sourire avec le souvenir de l'enfant disparu, car ils ont conservé la beauté d'une vie qui devait se poursuivre.

L'invalidité est une situation pénible, dont nous devons tirer le maximum de profit à la fois pour nous-mêmes et les autres : dans mon malheur, je me suis efforcée de créer une sorte de bonheur relatif, et cette recherche m'a permis d'oublier mes problèmes. Evidemment, j'aurais préféré galoper, opérer ou tout simplement marcher, mais j'ai su améliorer ma réalité nouvelle dans la mesure où j'ai chassé les nuages de mon cœur. Car dans toute épreuve, il reste toujours un petit coin de ciel bleu.

L'expérience la plus éprouvante de ma vie se termine. Je n'ai pas été anéantie. J'ai peut-être perdu une main, mais mes jambes revivent progressivement. Mon bras droit fonctionne, je peux écrire. J'ai mangé mon pain noir en premier, « au lieu de ton pain blanc » aurait ajouté maman, et c'est mieux comme ça...

Encore quelques mois de convalescence et je reprendrai la lutte. Mon esprit a mûri; je ne suis plus la même, mais je n'ai pas vieilli. Au contraire, je regarde le monde avec des yeux neufs. Quelle impression merveilleuse que de renaître à la vie à l'orée de la cinquantaine!

Mon cœur déborde d'amour, de cet amour que j'ai rencontré dans les camps et qui s'est enrichi pendant ma maladie. Je repartirai pour la Croix-Rouge, mais mon action n'aura plus de limites géographiques. Etre humanitaire, ce n'est pas seulement aller en Thaïlande. C'est aussi aimer son prochain sans limite et sans restriction : la charité, la vraie, sans coloration confessionnelle. Mon éducation et ma foi profonde en Dieu me poussent à respecter les autres.

Au-delà des croyances, au-delà des races et des éloignements, il y a la lourde chaîne de la solidarité humaine. Chaque maillon est essentiel, tout acte a son importance. Grâce à mon infirmité, j'ai compris la valeur de l'action. Grâce à mon action, j'ai appris la valeur de l'humilité.

Pendant ma période d'hospitalisation, je suis devenue une malade comme les autres, qui réclame la présence des médecins pour se rassurer et se réconforter. Mais la plupart d'entre eux, à l'exception d'un mandarin plein d'humanité auquel je voudrais rendre hommage, n'avaient pas le temps de s'arrêter à mon chevet; certains m'ont bousculée, parfois même humiliée.

A ceux qui ont agi ainsi, j'adresse ces quelques lignes. Je leur avais promis, à la fin de ma maladie, que j'écrirais un livre, dans lequel il y aurait un chapitre s'intitulant les « Nouveaux Mandarins » et qu'il ne serait pas tendre.

Aujourd'hui, j'exécute ma promesse. Certes, ce n'est pas un chapitre mais un énorme traité qu'il faudrait écrire pour approfondir un si vaste sujet; cependant mon propos n'est pas de développer une thèse, mais d'offrir à ceux qui m'ont fait du mal, peut-être sans le savoir, les réflexions d'une femme qui, comme malade et comme chirurgien, espère du plus profond de son cœur que le métier qu'elle aime tant ne sombrera pas dans l'indifférence et la méconnaissance de l'âme.

La médecine d'aujourd'hui se déshumanise. La médecine traditionnelle, humble et bonne, disparaît pour céder la place à l'ère des « Nouveaux Mandarins ».

Le médecin moderne n'a plus la même approche du malade. Autrefois, le médecin en face de la souffrance calmait. Avec de l'aspirine, des cataplasmes, avec ce qu'il pouvait. Et quand il n'avait plus rien à offrir, il calmait par sa présence. Il restait là, il prenait la main et oubliait le temps. Un simple geste d'humanité pour réduire la misère de ceux qui se sentent rejetés. Les bien portants acceptent mal la maladie. Elle leur fait peur; antichambre de la mort, elle reflète une image tragique de leur propre destin.

Pour échapper à ce fléau, il faut l'ignorer, donc éviter ceux qui en sont les victimes. Seul le médecin, qui a fait de la maladie l'objet de son métier, peut comprendre et agir. Rassurer le patient et le monde qui l'entoure. Expliquer les raisons du mal afin de rendre la guérison plus facile. Le réconfort du cœur est le meilleur remède pour un corps fatigué. Il existe une induction psychologique évidente dans la douleur, mais qui la respecte encore?

De nos jours, la raison prend le pas sur la complicité bienveillante. Les dieux de la science orientent désormais les rapports entre les hommes. Le savant omniscient porte des diagnostics irréfutables à l'aide de machines ultra-perfectionnées. Le corps doit se soumettre aux lois scientifiques. L'erreur n'est plus un droit mais une hérésie. Pourtant le hasard existe toujours et je l'ai rencontré.

Le progrès est nuisible quand il réduit l'homme à l'état de cobaye. Le corps humain n'est pas une machine qui tourne au rythme de la connaissance. Le médecin n'est pas un ouvrier soumis au rendement de la guérison. Chaque malade a une histoire qui influe sur ses réactions. Au médecin de prendre le temps de connaître l'ensemble des données pour une meilleure application de ses techniques. Etablir une relation de confiance avec son patient est la meilleure garantie de la guérison.

Malheureusement, les Nouveaux Mandarins n'ont plus le temps. Ils ne peuvent plus s'arrêter, leur course est trop rapide. Courses aux diplômes, aux titres et parfois à l'argent. Une fois le but atteint, ils continuent encore. Les chefs de service installés dans leur poste pourraient s'estimer satisfaits. Pas du tout! Pris dans l'engrenage des copies à corriger, des cours, des problèmes administratifs ou financiers, ils ne connaîtront plus jamais la paix.

Autrefois, il y avait un temps pour tout : celui du marathon pour obtenir le Clinicat, puis la Chaire, ensuite du délassement qui permettait de s'occuper des malades. Aujourd'hui, c'est un combat sans fin. Les Patrons se précipitent pour soutenir « leur » chef de clinique qui lui-même est happé dans un cycle infernal. Des allées et venues frénétiques, un coup d'œil sur les cas faciles, un regard plus soutenu sur les plus difficiles, seuls les cas exceptionnels fixent leur attention!

Alors le malade, frustré, essaie de lutter. En premier il s'accroche au Chef de clinique qui va beaucoup trop vite pour qu'il puisse le retenir. Aussi tente-t-il une percée vers l'interne. Peine perdue, il est trop rapide pour lui. Reste l'externe, le parent pauvre de la médecine, qui, en attendant d'intégrer le circuit diabolique, s'occupe des malheureux abandonnés.

La médecine est devenue une gigantesque « foire d'empoigne », où jeunes et vieux se bousculent vers leur destin commun. Le train de la réussite entre en gare, il est déjà bondé... pourtant ils sont des centaines à l'attendre. Alors, c'est une ruée épouvantable qui désarçonne l'amour et la bonté, seules la science et la technique restent en selle. Etrange et folle galopade où la passion se trompe d'objet. Peu importe! les voilà tous grimpant sur le marchepied, se battant à grands coups de stéthoscopes et de bistouris pour obtenir une place. Attention! les portes se ferment, c'est fini... Ceux qui restent sur le quai ne seront jamais Patrons.

Quelle angoisse pour ces laissés-pour-compte de la médecine! Pourtant à côté des trains de luxe de l'agrégation et de la chaire, il y aussi les omnibus de la médecine générale qui se dirigent paisiblement vers le calme provincial et la douceur des contacts humains. Pourquoi ne pas le prendre? Mais non, ils ne veulent pas échapper au tumulte parisien sauf, peut-être, pour décrocher un titre honorifique.

Le cercle infernal est difficile à rompre. Quand donc s'arrêteront-ils? Cette folle équipée les conduit à leur perte, mais ils ne veulent rien savoir. C'est la place ou l'argent; la place dans le public, l'argent dans le privé. Ils sont pris à leur propre piège et ne pourront jamais plus freiner leur rythme. Le premier qui tirera le signal d'alarme se fera piétiner par les autres. Cependant l'ère des Nouveaux Mandarins ne sera pas éternelle.

Déjà certains ont perdu le respect de ceux qui les admiraient tant. Leur prestation n'est plus mythique, mais rabaissée au rang d'un produit de consommation courante. Leur intervention est un service qui s'achète ou se rejette si elle ne convient pas. La médecine de nos pères, héroïque et noble, devient une entreprise commerciale régie par des rapports d'argent. Le médecin vend sa connaissance, le malade achète sa guérison; s'il n'est pas satisfait du produit il se retourne contre le vendeur. C'est alors l'enclenchement d'un processus absurde qui, dans le privé, peut même être porté devant les tribunaux lorsque le malade est mécontent du diagnostic préconisé. Quant au médecin, affolé face à la révolte de son patient, il cumule les assurances pour couvrir ses erreurs.

Qui est responsable de cette sinistre évolution? Le médecin, victime de son époque, qui, pour survivre à une compétition grandissante et des charges croissantes, doit travailler sans cesse pour obtenir des titres et gagner sa vie, ou le malade soumis à la pression sociale qui impose la notion de rentabilité à tous les actes de son existence? Nous sommes tous responsables et victimes à la fois. Pour nous défendre contre une évolution qui tend à nous détruire, il nous faut retrouver la vérité des mots, la simplicité du cœur.

Les mandarins que j'aime, et que je respecte existent toujours. Il faut les sauver contre le temps qui les poursuit, les retenir par la confiance qu'ils nous inspirent.

« Ils ont des yeux mais ils ne voient pas, ils ont des oreilles mais ils n'entendent pas », ces mots de la Bible me reviennent à l'esprit et je souhaite profondément que nous puissions retrouver ces valeurs simples et belles de l'écoute et du regard. Je voudrais que cette communauté médicale, qui autrefois unissait les praticiens dans une même passion de leur métier, soit recréée dans le respect des principes d'humanité et de bonté; dans le culte du serment d'Hippocrate que chaque médecin, quelle que soit sa spécialité, a juré un jour d'honorer dans l'exercice de sa profession :

« En présence de mes Maîtres, de cette école, de mes condisciples, devant l'effigie d'Hippocrate, je promets et je jure au nom de l'Etre suprême d'être fidèle aux lois de l'honneur et de la probité dans l'exercice de la médecine.

« Je donnerai des soins gratuits à l'indigent, et n'exigerai jamais un salaire au-dessus de mon travail. Admis à l'intérieur des maison, mes yeux ne verront pas ce qui s'y passe, ma langue taira les secrets qui lui seront confiés, et mon état ne servira pas à corrompre les mœurs ni à favoriser le crime. Respectueux et reconnaissant envers mes Maîtres, je rendrai à leurs enfants l'éducation que j'ai reçue de leurs pères.

« Que les hommes m'accordent leur estime si je suis fidèle à mes promesses,

« Que je sois couvert d'opprobre et méprisé de mes confrères si j'y manque. »

(Serment d'Hippocrate.)

FILLE DE MÉDECIN ENVERS ET CONTRE TOUT

UN matin de janvier, naquit à Bordeaux un bébé espéré depuis longtemps. On attend un garçon, ô désespoir, c'est une fille. Mais elle est mignonne, et les parents attendris se penchent sur le berceau du nouveau-né. Deux visages souriants, l'un plus sévère aux traits marqués par une soixantaine naissante, et l'autre plus doux, plus jeune aussi, celui de ma mère. Enfin, plus à l'écart, une masse de cheveux blonds et deux yeux bleu pervenche regardent extasiés cette petite sœur qui vient de naître. Monique, brune au teint mat, va désormais partager la vie d'une famille bourgeoise par son père et paysanne par sa mère, née près des méandres fleuris de la vallée du Lot.

L'univers qui sera le mien est baigné de fleurs. Une enfance solitaire dans une grande propriété fin de siècle, avec un étage, de vastes pièces éclairées par la douceur des rayons du Sud-Ouest. Le salon donne sur un petit parc ombragé, égayé de parterres de fleurs aux multiples couleurs, d'un potager aux plates-bandes impeccables et d'arbres magnifiques. Un grand portail noir nous ouvre le chemin de ce paradis, dans lequel j'ai grandi jusqu'au jour de mon mariage.

Je reçois une éducation très protégée. « Pas de petites camarades, décrète ma mère, Monique est trop fragile. » En fait, elle craint moins pour ma santé que pour mes relations. Par ce subterfuge, elle m'empêche de fréquenter les voisines d'en face, dont les parents n'appartiennent pas au même milieu que le nôtre. En compensation, elle me permet de jouer avec des animaux de toutes sortes, d'extraction plus ou moins douteuse, qui s'ébattent dans un poulailler aux usages multiples. S'y côtoient sans heurts poules et lapins, chiens et chats, qui se regroupent autour de moi pour des séances quotidiennes de dressage. Etrange comportement de ma mère, qui préfère me voir rouler dans la poussière avec toute cette ménagerie, plutôt que de me laisser en compagnie de fillettes de mon âge, qui auraient sans doute moins nui à ma santé délicate!

Dotée d'une personnalité très forte, elle domine à la fois sa domesticité, ses enfants et son mari. Issue d'une famille très humble, elle s'est élevée à force de volonté à un statut social très différent de son milieu d'origine. Intelligente, douée d'un sens pratique extraordinaire, elle s'adapte à toutes les situations et les fait évoluer en fonction de ses désirs. C'est une maîtresse-femme, possessive et dominatrice, qui contrôle parfaitement les choses et les êtres qui l'entourent.

Jeune et jolie, elle avait séduit mon père, qui l'avait épousée à l'aube de la vieillesse. La différence d'âge considérable n'empêche pas ma mère de tout organiser à son idée : mon éducation, le train de maison, ses occupations quotidiennes. Coquette, elle adore les coiffures et les beaux vêtements. Elégante, raffinée, elle reçoit souvent, avec intelligence, et, parmi ses amis, elle a la réputation d'une femme gaie et insouciante que tous aiment convier à leur table. Mon père, dépassé par tant de vitalité, mène sa vie à part, dans son cabinet médical qu'il a établi dans une aile de la maison, et qui est son univers secret. Sa fille, malgré ses admonestations, s'y glisse souvent pour apprendre en cachette les secrets de la médecine traditionnelle.

Déjà, à un âge aussi tendre, je préfère passer mon après-midi dans le cabinet de mon père, le regarder panser harmonieusement les blessures de ses patients, plutôt que de jouer avec mes poupées comme les petites filles doivent le faire. Souvent je me glisse dans la salle, sans bruit, me cachant dans un coin de la pièce, fascinée par le sang qui tache les linges blancs de la table de consultation. Si je suis découverte, je suis gentiment admonestée par une grosse voix qui se veut sévère, mais qui en vérité dissimule mal la tendresse qu'elle retient. Parfois, je tente même de participer plus activement au déroulement des opérations; dans ce cas mon père, intraitable, me renvoie vigoureusement à des plaisirs plus doux. Je me retire alors tristement dans l'attente impatiente de pouvoir travailler un jour peut-être dans ce grand cabinet sombre qui m'impressionne tant.

Les années passent et j'atteins sans heurts l'âge de raison, qui me donne enfin le droit d'aller à l'école. Maman m'inscrit dans un couvent et je découvre avec exaltation « le royaume de Dieu ». Mon esprit théâtral et mystique me porte instinctivement vers la religion et la foi. Je suis avec passion les cours de catéchisme, adorant me rendre à la chapelle pour écouter les interminables sermons du révérend père aumônier. J'adore le décorum de l'église, le prêtre en chasuble brodée, le Saint-Sacrement qui brille dans la lumière du jour et transporte mon imagination enfantine dans des rêves célestes. Loin de chahuter, je reste pendant la messe, immobile, à genoux, priant avec ferveur pour la rédemption de mes péchés et de ceux des autres, dans une odeur d'encens qui me poursuit encore.

Curieuse de nature, je suis très attentive en classe, ravie d'apprendre ce qui m'est enseigné. Tout m'intéresse, et j'offre une image de moi-même, sage et disciplinée, que ma famille sans doute n'a jamais entrevue! Car dès que je rentre à la maison je retrouve ma personnalité d'enfant gâtée, exigeante et malicieuse, qui joue de la rivalité de ses parents, pour imposer sa volonté.

Cette mésentente qui divise mes parents, et provoque des éclats de voix fréquents, constitue la seule tache sombre du tableau idyllique que je retiens de mon enfance. Et le souvenir tragique de ces scènes bruyantes me marquera longtemps et influencera d'ailleurs mon comportement de femme mariée lorsque je connus également les tourments d'un couple qui ne s'entend plus.

En dehors de ces nuits agitées, je mène une vie agréable et libre. Je suis une enfant pleine de vie, légèrement « garçon manqué », qui aime mieux se battre et grimper aux arbres, que de lire *La Semaine de Suzette.* Paradoxalement, maman, qui veut me donner une éducation de jeune fille bien élevée et qui me traîne littéralement à mes leçons de piano et de dessin, accepte en même temps de m'accompagner dans un champ avoisinant pour que je m'exerce dans des « shoots » foudroyants. En avance sur son époque, ma mère estime que le sport est un excellent exercice pour les « filles » : bicyclette, natation et même le rugby sont dignes à ses yeux. « Un esprit sain dans un corps sain », répète-t-elle souvent, ne sachant pas réellement d'où provient cet adage. Elle-même mène une existence moderne, conduit l'auto familiale à toute allure, tenant des paris impossibles avec ses amis et prenant des risques fous pour arriver la première au but indiqué... Très indépendante, marquée par une jeunesse difficile, elle m'apprend le goût du combat et de la réussite. D'origine paysanne, elle tente de m'inculquer des principes « bourgeois » nécessaires selon elle aux jeunes filles qui désirent être admises dans la bonne société. « Tu ne dois pas, me dit-elle, frayer avec n'importe qui. Efforce-toi de jouer du piano avec délicatesse, et de danser avec grâce. Tiens-toi droite, sois féminine mais tâche aussi de réussir tes études; on ne sait jamais, elles pourraient te servir en attendant que tu fasses un riche mariage. »

Car, ma mère avait deux obsessions : ne pas « manquer » et me marier. Profondément blessée par les privations qu'elle avait connues dans son enfance, elle craignait toujours de manquer de quelque chose. Elle avait tant souffert, petite fille, d'être dépendante d'une vieille tante qui la nourrissait d'un quignon de pain et de quelques pommes de terre, qu'à l'âge adulte elle avait encore l'habitude, bien qu'elle évoluât dans un milieu aisé, de stocker une multitude de biens. Ce qui est étonnant, c'est qu'elle faisait des provisions de vêtements, d'accessoires, sans penser à mettre de côté des réserves de nourriture. Quand elle mourut, de nombreuses années après, je fus médusée de trouver dans ses malles des monceaux de mouchoirs, des dizaines de tabliers blancs de domestique, des napperons de dentelle impeccables, mais rien qui ne fût réellement indispensable en cas de drame. Ce souci de prévoyance allait d'ailleurs au-delà de ses propres préoccupations, puisqu'elle fit pression sur moi, dès que j'ouvris mon cabinet à R... pour que je m'inscrive à un nombre incalculable de caisses de retraites, et d'assurances, « afin de couvrir tes vieux jours », disait-elle d'un ton averti. Aujourd'hui, je dois admettre que ses conseils, dont je me moquais tant autrefois, m'ont été d'un précieux recours.

Quant au mariage, autre idée fixe de ma mère, je me demande si la déception de n'avoir pas eu un fils ne l'a pas inconsciemment poussée à vouloir se séparer de moi, pour me punir de n'avoir pas su choisir le bon sexe? Ce sont là des suppositions qui ne sont peut-être pas fondées; mais, ce dont je suis sûre, c'est que dès l'âge de la puberté, je dus subir des rencontres avec des prétendants de haute lignée, qui m'ont toujours déplu souverainement!

Enfin! les petites manies de maman ne m'empêcheront pas de grandir en toute quiétude. Et, c'est en toute innocence que je fête ma douzième année, sous l'œil nostalgique de mon père. « Je n'assisterai jamais à tes noces », murmura-t-il tristement. Naturellement, j'attribuais alors ce propos à l'influence d'une émotion passagère, mais je crois, maintenant, qu'il était vraiment persuadé de cette fatalité. Lorsque le moment de ma communion solennelle arriva, mon père exigea que cette fête soit préparée avec les fastes d'un grand mariage.

J'ai l'impression de m'envoler sur un nuage : l'importance de l'engagement que je vais prononcer et la beauté de la fête qui se prépare me transportent dans un monde irréel. Quel honneur! Une belle robe et ma rencontre officielle avec Dieu. Je n'arrive pas à y croire. Pendant ma retraite, j'émets des vœux fantastiques – je ne les ai d'ailleurs jamais tenus – jurant que je les respecterai jusqu'à la mort. L'aumônier de l'école nous propose de déposer nos vœux dans une enveloppe au pied de l'autel : « Dans cette enveloppe, vous mettrez si vous promettez de communier une fois par an, par mois ou par semaine, pendant le restant de votre vie. » Dans ma fougue, j'inscris évidemment : « Je communierai tous les dimanches! »... j'ai rapidement abandonné cet espoir.

Quand le grand jour arrive, la maison est en liesse. Des bouquets de lis blancs fleurissent. Le salon, les parquets brillent de mille éclats; un somptueux buffet est dressé dans la salle de réception. Quel orgueil d'être à l'origine d'un tel déploiement de luxe et de richesses. Maman, qui pourtant n'est pas une pratiquante assidue, me voyant trop attirée par l'aspect matériel de la cérémonie, m'envoie entre la messe et le déjeuner faire mon chemin de croix. Elle veut que je prenne conscience de la misère des autres, et choisit ce jour, si fastueux à mes yeux, pour me confronter à la dure réalité des choses. Accompagnée par une sœur de Saint-Vincent-de-Paul, je parcours les ruelles les plus pouilleuses de Bordeaux dans ma robe immaculée, les bras chargés de présents. Pour la première fois de ma vie, je suis en contact avec la pauvreté et la souffrance; j'étais bouleversée, mais cette leçon de vérité m'a permis d'acquérir des valeurs nouvelles qui furent d'une aide précieuse quand j'ai moi-même connu les difficultés et la pénurie.

L'âge d'or de mon enfance s'achève sur le souvenir merveilleux de ma communion. Depuis je n'ai jamais connu une telle sérénité si ce n'est pendant le bref voyage de noces que je vécus quelques années plus tard avec « mon grand amour ».

L'année qui suivit « mon entrée solennelle » dans l'Eglise catholique fut porteuse de mauvais présages. La tension que l'Allemagne maintenait en Europe annonçait les prémices d'une guerre meurtrière, et mon père, qui jouissait jusqu'alors d'une santé exceptionnelle, fut atteint d'une hémorragie cérébrale qui nous laissait prévoir une mort imminente.

Janvier 1939

Maman m'accueille sous la véranda, le visage sévère; les yeux pleins de larmes. Je m'immobilise devant elle, incapable de parler, sentant mon cœur s'affoler dans ma poitrine. « Monique, m'explique maman avec sa brusquerie habituelle, ton père a eu un accident, il est paralysé, je pense qu'il n'en a plus pour longtemps. » Je ne veux pas le croire. Papa, lui si fort, si résistant, rien ne peut l'atteindre, je suis sûre que ma mère se trompe, qu'elle dramatise. Désespérée, je cours vers lui; il est bien là, allongé sur son lit, les lèvres entrouvertes, tout blanc avec ses yeux qui ne semblent rien voir. J'essaie de lui parler, mais il ne répond pas. Je lui prends la main, elle est froide et raide. Je me recule alors, soudainement prise de panique, car je sais désormais que je ne verrai plus jamais son image d'antan.

Le calvaire de mon père dura quinze jours. La maison était pleine de gémissements : ceux de ma famille, des domestiques, des amis qui passaient et repassaient pour soutenir maman. Il y avait aussi la sonnerie du téléphone qui résonnait sans arrêt dans mes oreilles fragiles. Toute cette agitation autour de moi me révoltait. Je voulais rester seule avec lui, me blottir près de lui, le supplier de ne pas nous abandonner. Mais il mourut sans écouter mes plaintes.

Un triste matin d'hiver, on vient me chercher dans ma chambre; on me dit qu'il « faut que j'aille embrasser papa », j'ai envie de résister mais on me traîne, en chemise de nuit et chaussettes de laine, au pied d'un immense lit de bois. Sur les draps, je vois une grande statue de cire habillée d'un complet noir et dont les mains sont croisées sur la poitrine. Terrorisée à l'idée de m'approcher de ce corps glacé, je me réfugie auprès d'une amie de maman qui me repousse doucement et me force à accomplir mon devoir de fille aimante. Jamais je n'oublierai ce baiser que je dus déposer sur le front sans vie de mon père. Le contact de cette chair dure et froide me provoque, aujourd'hui encore, des frissons douloureux.

Mon père est mort, rien ne sera plus comme avant. Je passe ma journée à sangloter auprès de ma pauvre chatte, qui elle aussi se meurt, et pour laquelle personne n'offre de compassion. Je ne peux pas imaginer perdre à la fois mon père et mon animal favori. Ce serait trop, je ne le supporterais pas. Je sais que la disparition de mon père représente quelque chose de grave et de tragique, mais la perte de ma chatte me semble tout aussi horrible, et, dans mon désarroi, je pleure sans partage mon père que j'aimais tant et la petite Simoun que j'adore.

L'enterrement est prévu le lendemain. On m'habille tout en noir, et je pénètre dans l'église au côté de ma sœur. Maman nous précède, vêtue en grand deuil, son visage couvert d'un long voile sombre. Je me sens petite à côté du cercueil, si perdue dans cette énorme foule qui vient dire un dernier adieu au docteur Brossard. Les voûtes de l'église s'emplissent d'un chant de colère et d'épouvante : *Dies irae, Dies illa,* Jour de colère et de terreur, ô Dieu, aie pitié de nous... Puis à la fin de la messe, le prêtre dit l'absoute et c'est le début d'un long défilé que ma mère entame en bénissant la dépouille mortelle d'un geste vif. Quand mon tour arrive, j'ai peur de laisser tomber le goupillon, qui me semble si lourd. Pourtant, ma main ne tremblera pas, je veux faire honneur à mon père une dernière fois, en me comportant comme une orpheline héroïque.

La marche vers le cimetière me paraît interminable. Il souffle un vent glacial qui cingle mes genoux et transperce ma capote de serge noire. Maman porte son manteau d'astrakan, dont le col de fourrure la protège contre le froid. « Au moins, elle n'aura pas d'angine », pensai-je tout en marchant. Progressivement mes pensées s'éloignent de l'au-delà pour découvrir des réalités plus « terre à terre ». Je regarde le corbillard qui nous précède. Il est couvert de fleurs multicolores, une gerbe continue qui cherche à couvrir le sinistre véhicule; je trouve cette exubérance de fleurs du meilleur goût. Autour de moi, je remarque que le flot des suiveurs grossit à l'approche de la dernière demeure; je ne savais pas que papa avait tant d'amis, mais j'imagine qu'un médecin est un monsieur très important que tout le monde doit connaître. Nous approchons de la tombe; un grand trou est creusé dans la terre; les fossoyeurs descendent le cercueil à l'aide de grosses cordes qui glissent en gémissant. Je m'accroche à ma mère, terrifiée par le crissement morbide. Puis la première poignée de terre est jetée, c'est fini, nous restons seuls, maman, ma sœur et moi, dans cette foule immense, perdues, sans protection. Je suis secouée de sanglots pendant que nos amis et relations me prennent dans leurs bras en me plaignant avec douceur : « Pauvre Monique, pauvre petite. » J'ai l'impression que des heures entières je resterai là, transie, immobile, subissant la multitude de baisers qui s'abattent sur mes joues humides de larmes.

Quel horrible hiver avons-nous dû passer cette année-là, maman et moi, égarées dans cette grande maison vide. La guerre sévissait et nous faisait ressentir les premières privations; mon père s'était éteint en nous laissant pour unique héritage cette importante propriété; et, pour accentuer notre détresse, l'hiver s'annonçait rigoureux et glacial.

Chaussée de longues chaussettes noires et d'un tablier qui n'a plus le droit d'être rose, je quitte les cantiques éternels des religieuses enseignantes pour le lycée de jeunes filles de Bordeaux. Nous n'avons plus d'argent et ma mère, qui est une femme courageuse, entreprend de réduire drastiquement notre train de vie, afin de continuer à m'élever comme une jeune fille de la bonne société. Elle décide de renvoyer tous les domestiques et de louer la maison. Elle est prête à tous les sacrifices pour ne pas travailler, afin de me permettre de fréquenter sans déshonneur la bourgeoisie bordelaise. Quelle transformation dans notre mode de vie! Plus d'école libre, plus de grands espaces fleuris. Il n'y a plus de parc ni de salons, mais seulement trois pièces dans lesquelles sont entassés tous les meubles de la vaste bâtisse. Impossible de se frayer un chemin dans cet entrepôt de fortune, dans lequel se côtoient sans honte des armoires de tout style qui veillent, grandes ombres immobiles, sur notre sommeil agité. Maman réussit cependant à imposer deux lits dans cette forêt de meubles. « Nous dormons dans les Armoiries », me confie-t-elle avec humour.

Le matin, je me lève à sept heures, pour attraper un tramway matinal qui me dépose à l'entrée du lycée. J'effectue ce parcours seule, ravie de ma récente autonomie. Ma nouvelle école me plaît beaucoup. Je noue de nombreuses amitiés avec mes petites camarades de classe. La vie reprend son droit, malgré la guerre.

La guerre, à douze ans, ça ne veut pas dire grand-chose. Je la vois à travers les difficultés de ravitaillement ou les larmes d'une amie dont le père est tombé sur un champ de bataille.

Mais ma première prise de conscience de la « vraie guerre » advient le jour où j'assiste terrifiée au défilé des forces allemandes. Car les Allemands sont là et bien là. J'avais suivi la débâcle de l'armée française et mon cœur se serrait à la vue de tous ces militaires aux voix gutturales, ces monstres qui coupaient les mains des petits enfants.

J'écris dans mon journal avec angoisse : « Les premiers Allemands sont déjà sur place, casqués, bottés... » Avec leurs side-cars et leurs tenues sombres, ces guerriers SS inspiraient la puissance, et je me suis demandé si nous n'avions pas perdu la guerre à cause des bandes molletières et si des bottes bien cirées n'auraient pas tout changé... Fascinée par cette armée, j'ai touché un motard dans son dos, et je me suis enfuie à toutes jambes, comme si je venais de découvrir un martien.

Effectivement, je ne sais plus où j'en suis : je chante de tout mon cœur « Maréchal, nous voilà » en regardant son portrait en classe et le soir j'écoute avec maman les messages de Londres qui annoncent que « les bleuets devraient pousser au printemps ».

Puis il y a les étoiles jaunes qui apparaissent un matin, cousues sur les vêtements de certaines de mes compagnes. « Ce sont des juives... » Des juives? Je ne comprends pas ce que cela signifie. « Mais qu'ont-elles fait? » Quand je sors dans la rue, j'aperçois des boutiques qui me sont familières, marquées d'une enseigne maléfique *Judisches geschaft.* Et dans ma tête chaque soir, se brouillent ces images insupportables dont le sens m'échappe, mais dont je mesure l'importance : je suis le témoin d'injustices intolérables. Comme unique moyen de défense, je me réfugie dans la prière en demandant au pape d'intervenir. Comme représentant de Dieu, j'étais persuadée qu'il pouvait tout, mais il n'a rien fait et moi non plus!

Deux ans se sont écoulés depuis la mort de mon père et l'occupation se poursuit. Maman a énormément maigri, sacrifiant ses pauvres revenus pour le bien-être de sa fille. Elle se prive de nourriture et de sorties pour se consacrer à mon éducation. Intelligente et pragmatique, elle poursuit son ambition malgré les obstacles qui se dressent sur son chemin : non seulement nous sommes ruinées, mais encore les ressources précaires que nous escomptions retirer de la location de notre propriété s'envolèrent en fumée. En effet, les locataires de la maison, une famille bourgeoise, n'avaient pas à régler leur loyer, le chef de famille étant parti à la guerre. Dans ce cas, il y avait exonération de charges locatives.

Armée d'un courage peu banal, et dotée d'un bon

sens spécifique aux gens de la terre, ma mère arrive à nous entretenir malgré la faiblesse de nos moyens. Elle abandonne ses robes élégantes pour de vieux tabliers de toile, et se met à cultiver son jardin, produisant elle-même les légumes nécessaires, élevant avec science des volailles pour alimenter nos maigres repas. Pour le reste, elle fait des queues interminables et brandit victorieusement la noix de beurre qui doit durer quinze jours. Malheureusement, les produits du jardin, alliés aux cartes de ravitaillement, ne suffisent pas à nous rassasier. Nous avons faim, et pour pallier ce dénuement, ma mère troque l'excellente cave de mon père contre un camembert faible en matière grasse, mais qui m'apporte quelques calories.

On m'envoie également chercher du lait dans les fermes environnantes sur un vélo d'emprunt. Ces promenades à vélo représentent pour moi un véritable supplice. Les doigts couverts d'engelures et les chevilles gonflées, je dois pédaler pendant douze kilomètres deux fois par semaine, pour acheter du lait entier. Au retour, je cachais le bidon rempli sous un vieux sac, de peur que les Allemands ne m'arrêtent pour vérifier mon chargement. Un jour, en atteignant la ville, un soldat se précipite sur moi. Terrorisée, je suis persuadée qu'il va me fusiller pour fraude. Cependant il se contente de me pousser dans un abri. « Vite, vite, alerte. » Je n'avais pas entendu les sirènes et l'idée que ma cargaison pouvait être découverte m'effrayait bien plus que les dangers que j'encourais sur les routes exposées aux attaques aériennes. Quand le calme fut rétabli, je quittai mon refuge sous les conseils amicaux de mon sauveteur et m'enfuis à grands coups de pédales, obsédée par mon précieux colis. Je rentrai à la maison essoufflée, les pieds tout endoloris, humiliée d'avoir été sauvée par un occupant.

Avec les années, je ressens de plus en plus durement l'humiliation de l'occupation. Je me révolte à la vue de ces voitures allemandes, de ces uniformes au brassard gammé, qui déambulent dans nos rues comme si Bordeaux leur appartenait. Je n'arrive pas à admettre que nous sommes des vaincus. Bien que la guerre n'ait pas pour moi la même signification que pour mes amies, dont le père ou le frère font de la résistance, je n'accepte plus cette passivité de peuple soumis.

Mais que puis-je faire? Je suis encore trop jeune, et mon dégoût se cogne contre mon impuissance.

Depuis la guerre, cette sensation d'inutilité, d'incapacité à défendre mon idéal, soulève en moi un remords irréparable. Et, comme si je voulais racheter l'inaction de ma jeunesse, dès que j'entends parler de génocide, de peuple dominé, de pays envahis, je me sens concernée et je veux agir; je veux réparer la faiblesse de notre soumission. Je pense que la recherche désespérée que j'effectuais en octobre 1979 pour partir en Thaïlande trouve son origine dans cet hiver 42, quand un soldat allemand a osé me défendre contre une attaque de « nos » alliés.

Puis un nouveau printemps arriva avec quelques fleurs d'ail pour fleurir mes cheveux; mes quinze ans sont pleins de gaieté et, finalement, ma jeunesse a raison de toutes nos difficultés. Maman est satisfaite : elle a réussi, malgré la gêne qui nous est imposée. Elle n'a pas travaillé et j'ai conservé aux yeux de tous le titre de « Monique Brossard, la fille du docteur Brossard. » Car bien que nous ayons une existence moins aisée que la plupart de nos amis, je continue à fréquenter la *gentry* bordelaise. L'abstinence que nous subissons du fait de la guerre ne m'empêche pas d'être une adolescente heureuse, pleine d'énergie et d'illusions. Je suis invitée partout, et ma mère découpe dans ses belles robes d'autrefois des tenues élégantes, qui me permettent de sortir dans les soirées bordelaises. Avec habileté, elle sait confectionner à partir d'une vieille robe ou d'un morceau de rideau des vêtements très convenables. Le grand problème vient des chaussures qui ont toutes des semelles de bois, et coûtent horriblement cher! Nous économisons jusqu'à nos derniers sous pour m'acheter une paire de ces affreux godillots, qui correspondent pourtant à la mode de l'époque. Comme toute la France, nous nous adaptons à la situation et faisons preuve d'une imagination débordante.

Je m'accommode très bien de cette garde-robe improvisée. Seul mon manteau me rend malheureuse. Maman l'a retourné, les bords sont râpés, ce qui vexe ma coquetterie. Pour limiter mon déshonneur, des amies compréhensives me prêtent leur manteau fait à leurs mesures, et je me promène fièrement dans les rues de Bordeaux, nouvelle Scarlett du Sud-Ouest.

Mes études se déroulent sans souci. Je passe de classe en classe sans fournir trop d'efforts et j'entre en « Philo », avec sérénité. Dans un an, je passe mon baccalauréat, et, enfin, je pourrai réaliser ma vocation d'enfance : devenir médecin, comme mon père. J'avance à grands pas vers ma dix-huitième année, et vers mon avenir d'étudiante, mais je reste, malgré l'influence du lycée, très pieuse et mystique. Mes lectures ne sont pas celles d'une jeune fille romantique, puisque j'ai pour livre de chevet *L'Imitation de Jésus-Christ,* la *Somme théologique de saint Thomas,* et naturellement la *Bible.* Je suis passionnée de théologie, et me rends souvent auprès de l'aumônier de mon ancienne école pour deviser avec lui de ces sujets sacrés. Pratiquante à tout va, je vais régulièrement à la messe, parfois aux vêpres, toujours éblouie par la beauté du rite catholique. Ma mère s'étonne de tant de ferveur, car elle n'a, elle-même, que peu de penchants pour les choses de l'au-delà, mais elle respecte ce côté de ma personnalité et me permet d'effectuer de courtes retraites quand j'en exprime le désir.

Nous menons toutes deux une vie calme, égayée de temps en temps par des invitations chez des amis. Maman sort très peu depuis que mon père nous a quittées, elle ne prend plus soin d'elle. Elle laisse ses cheveux blanchir, et ses ongles se salir quand elle gratte la terre, et cette déchéance à laquelle j'assiste chaque jour est, pour moi, mon plus pénible souvenir de guerre.

Puis un jour, alors que je fêtais à peine mes dix-huit ans, je fis une découverte extraordinaire, qui marqua non seulement ma jeunesse, mais aussi ma maturité et qui me touche encore aujourd'hui, malgré trente années d'expériences. Cette révélation dont je parle souvent avec respect, je l'ai retirée d'un livre qui m'avait été offert par un ami de la famille, un metteur en scène réputé, qui me trouvait trop inculte et qui, pour pallier mes lacunes, me donna en pâture un roman merveilleux : *Tess d'Urberville,* écrit par un auteur anglais que je ne connaissais pas et qui s'appelle Thomas Hardy. Tess! Dès que j'eus pénétré sa vie, je mêlai mon destin au sien, inconsciemment, inéluctablement. Depuis je me bats comme elle pour un bonheur que je ne rejoins jamais.

En comparant ma vie à la sienne, je décelai des similitudes étranges, que mon imagination transforma en une identification parfaite. Moi aussi, comme elle, j'avais eu une enfance difficile, j'avais connu les privations, j'avais subi l'humiliation de la pauvreté. Comme elle, j'étais combative, accrocheuse, et m'adaptais aux situations les plus difficiles.

Mais cette comparaison était destructrice, car je me forçais à rentrer dans le personnage de Tess, passant délibérément à côté du bonheur pour ressembler plus réellement à mon héroïne. Combien de fois n'ai-je pas pensé à elle, lorsque jeune mariée pleine de désillusions je perdais un amour qui venait à peine d'éclore et qui depuis ne revint jamais dans ma vie. Mon fils, qui connut Tess à travers moi, tenta lorsqu'il fut adulte de me détacher de mon obsession : « Maman, me disait-il, tu te rends malheureuse pour un mythe. » Et il n'avait pas tort. Quand le film retraçant l'histoire du livre sortit sur les écrans parisiens, Alain m'interdit de le voir : « Oublie-la, tu n'en seras que plus heureuse. » Mais comment oublier quelqu'un, même s'il n'a jamais existé, quand il a toujours vécu au fond de votre cœur, quand il a partagé vos joies et vos peines, quand il a fait de moi la femme que je suis aujourd'hui ?

A dix-huit ans, l'esprit est encore fragile, ouvert à toutes les influences; je n'échappais pas à ce défaut et acceptais ingénument tout ce que je prenais dans « mon » livre. Toutes les paroles de Tess devenaient miennes, toutes ses pensées et toutes ses réflexions. Avec elle, je me posais des questions qui restent sans réponse, avec elle je me demandais : « Pourquoi le soleil brille de la même façon sur les bons et sur les méchants » et pourquoi les innocents n'ont pas toujours « les mains pleines ». Car je trouvais mon sort injuste, maman venait de m'apprendre qu'elle serait incapable de payer mes études, alors que j'entamais mon P.C.B. de médecine, mon année préparatoire. Cette nouvelle m'avait atterrée. Je ne connaissais pas encore mon futur mari, et n'imaginais pas de réussir ma vie sans réussir ma médecine. « Vraiment, m'étais-je avoué un soir de solitude, ma vie ne sera qu'un amoncellement d'injustices, de projets gâchés, de désirs inassouvis. » A partir de cette soirée sans joie, je m'étais juré de lutter de toutes mes forces contre la fatalité, en espérant de ne pas être obligée, comme Tess, de tuer pour forcer le destin.

Heureusement, le destin est souvent moins excessif qu'une révolte d'adolescente. Et pour me consoler de ne pas avoir pu réaliser mon rêve d'enfance, il m'offrit en échange de concrétiser un rêve de jeune fille : épouser celui qu'on aime, et qui, grâce à Dieu, est beau, gentil, et riche...

A peine sortie de l'enfance, j'allais m'engager dans la plus grande aventure de ma vie, sans mesurer avec précision les responsabilités que ma nouvelle situation entraînerait. Je pensais que mon amour serait rédempteur, qu'il me sauverait de l'opprobre et du malheur, qu'il m'arracherait à ma condition tragique, qu'il éliminerait Tess. Comme toutes les petites filles aux allumettes je croyais au Paradis, et jamais je n'aurais pu penser que mes larmes inonderaient ma joie, que notre union ne serait pas éternelle, et que je serais obligée, moi aussi, d'accepter ces compromis que ma jeunesse méprisait avec tant d'ardeur.

Le bonheur ne se contient pas dans une petite flamme d'imagination. Il se bâtit, se raccommode et se défait au gré des circonstances. A nous de connaître la valeur de la patience et de l'espoir.

LES CLOCHETONS DE LA GRANDE FABRIQUE

28 avril 1947

« Comme tu me le demandes, je commence ce livre d'or. Mais que mettre sur cette page? Ne vaudrait-il pas mieux y coller à la place une de mes premières lettres de fiancé? elle exprimera exactement mes pensées d'aujourd'hui. Que ce carnet, mon trésor, soit un beau bouquet de toutes les sympathies et affections que ta personne a su et saura faire éclore. »

Pierre mon mari, à l'aube de notre mariage

Tout avait commencé comme la plus merveilleuse histoire d'amour. Pourtant maman me prédit quelques mois plus tard : « Monique, tu auras autant de difficultés dans ta vie qu'il y a de clochetons sur la grande fabrique. » Or ces clochetons, sortes de fioritures gothiques qui décoraient la grande fabrique de mes beaux-parents, étaient innombrables...

Et je suis restée mariée dix-sept ans. Ce fut beau et triste à la fois.

Quand je pense que maman était à l'origine de notre mariage, et que sa prédiction détruisait ce qu'elle avait elle-même construit!

Tout avait commencé réellement un matin de juillet, lorsque maman m'annonça brusquement que je passerais mes vacances en Normandie. J'étais furieuse, je venais d'être reçue à mon P.C.B. de médecine et m'apprêtais à passer les mois d'été sous la douce chaleur du Sud-Ouest. Pas question! Maman restait intraitable sur ce sujet, et je me résignais à mon exil, sachant que « l'air sain de la Manche », dont ma mère usait pour justifier sa décision, n'était qu'un prétexte fallacieux pour m'éloigner de Bordeaux. Maman voulait surtout me soustraire à l'influence, qu'elle qualifiait de néfaste, d'un de mes amis étudiant dont le seul tort était de ne pas être riche. Maman n'était pas une femme intéressée, mais elle craignait, pour elle comme pour moi, de connaître à nouveau les privations que la guerre nous avait imposées. Elle aurait donné « tout » au monde... sauf sa fille à un homme pauvre...

Malgré mes plaintes et mes imprécations, je suis mise de force dans le train du « Nord » et, maussade, je me prépare à de longues journées d'ennui. Mais le destin est parfois généreux, et dans mon malheur, il me fit découvrir le plus grand des bonheurs : celui de la première rencontre, du premier amour.

Ma famille d'accueil me reçoit très gentiment. Le fils de la maison se montre très attentionné envers moi, et je me demande si maman n'a pas des vues sur lui... Pourtant ce n'est pas lui que je regarde avec fascination. Non, c'est son camarade d'enfance que nous rencontrons tous les jours sur la plage, et qui me fait oublier la dureté insupportable des plages de galets. Quand je m'allonge près de lui, les pierres elles-mêmes semblent se transformer en un matelas de nuages!

Sans m'en rendre compte, insidieusement, l'amour se glisse dans mes pensées, et je n'arrive pas à détacher mon esprit de celui qui deviendra bientôt mon fiancé, et par une suite logique mon mari. Le sort en est jeté. Pierre est entré dans ma vie, et je veux qu'il y reste. Dans le train qui me reconduit à Bordeaux, je n'ose encore croire à ce conte de fées : il est si beau, si intelligent, si riche! Comment peut-il m'aimer, pourquoi veut-il m'épouser? Je ris, je pleure, bouleversée par ce raz de marée qui emporte mon âme et qui jette au loin mes rêves d'enfance, ma médecine, ma vocation de chirurgien. Je n'ai plus qu'une idée fixe : l'homme de ma vie.

Maman, bien qu'un peu surprise par la violence de mes sentiments et par la rapidité de leur éclosion, sourit à nos projets. Pierre est le fils d'un industriel normand fortuné, son rêve s'accomplira à travers moi. Je serai l'épouse d'un fils de famille, je ferai un beau mariage. Elle ne s'oppose en rien à notre décision. Cependant, elle aurait pu prévoir que nous étions trop jeunes. J'avais à peine dix-huit ans, l'air d'un bébé avec mes joues toutes rondes et mes formes de fillette impubère; quant à Pierre, bien qu'il soit mon aîné de cinq ans, il est aussi innocent que moi, aussi peu préparé à une vie d'adulte.

Les parents de Pierre acceptent également notre projet de mariage. Avec quelques réticences cependant, car ils avaient espéré une union plus avantageuse pour leur fils. Deux mois plus tard, ils viennent visiter la propriété de ma mère, et j'imagine qu'il fut question d'argent, car je n'eus pas le droit d'assister à cet entretien. En dehors de notre maison nous n'avons aucune fortune, et mes futurs beaux-parents décident de prendre à leur charge tous les frais de la cérémonie, ce qui est très généreux de leur part. La date de nos fiançailles est fixée avant leur départ. Elles auront lieu en décembre. Je trouve ce délai trop long mais je dois me soumettre. En attendant, nous nous écrivons des lettres passionnées, et nous contentons d'échanger des images pieuses.

Quelque temps avant les fiançailles, je rends visite à ma belle-famille, très impressionnée par l'opulence qui règne dans leur maison. Je n'ai jamais vu autant de belles choses réunies dans un même lieu : des meubles de style, des tapis magnifiques, des tableaux de maîtres. Certes, j'ai fréquenté des gens aisés à Bordeaux mais une telle richesse me fascine. Très gentiment au cours de cette visite, mes futurs beaux-parents m'offrent une superbe bicyclette. Quelle joie! Je rêvais d'avoir une bicyclette bien à moi; pendant la guerre j'étais toujours obligée d'emprunter un vieux deux roues à des voisins; enfin je possède quelque chose de valeur!

Les fiançailles ont lieu à F... Ma mère n'ayant pas les moyens de recevoir à Bordeaux et notre famille étant réduite, il était plus logique de nous déplacer, plutôt que d'importuner la famille de Pierre qui est très nombreuse.

Quelle soirée magnifique! Je reçois une très belle bague et de nombreux cadeaux des trois ou quatre cents invités qui se pressent à la réception. Un événement d'importance! Le fils de la « grande fabrique » se fiance... Je suis très fière, en robe longue d'organdi blanc. Je danse étourdie dans les bras de Pierre. J'adore danser et ce soir-là, en tant que « reine de la nuit », je tourbillonne sans repos au rythme de l'orchestre.

Vers une heure du matin, fatiguée de tant d'agitation et les pieds tout endoloris, je demande à une amie de quérir mes pantoufles. Mais dans la bonne société ça ne se fait pas de terminer une soirée en robe longue et talons plats; et c'est avec raison que le lendemain, mes beaux-parents me font quelques remarques, sur ma tenue de la veille.

Mon caractère ombrageux prit très mal cette initiative, et ce fut le début d'une certaine incompréhension qui régna entre ma belle-famille et moi-même. Nous n'avions pas la même mentalité : j'avais reçu une éducation libre et ouverte, ils étaient attachés à des principes bourgeois et conservateurs; où était la vérité? Je n'avais pas alors conscience de ces différends qui nous éloignaient, et je me préparais à des difficultés futures. Cependant j'étais trop jeune pour me rendre compte du danger que je courais. J'aimais Pierre et c'était la seule chose qui comptait.

Mon mariage est prévu en mai. Entre-temps, nous préparons fébrilement le trousseau traditionnel. Les draps chiffrés à mon nom, le linge de corps, et ma chemise de « nuit de noces » en satin blanc, aux mille volants de dentelle... Les mois qui me séparent de mon grand bonheur s'écoulent rapidement. Grisée d'amour et de coquetterie, je pense à la robe que maman, dans un sursaut d'économie, a réussi à commander chez une grande couturière de Bordeaux. Combien de sacrifices a-t-elle dû s'imposer afin d'offrir à sa fille son plus beau cadeau de noces : sa robe de mariée? Peu avant mon départ pour F..., je décide avec une amie qui devait également se marier, de préparer notre future union sacrée dans un couvent de trappistines situé dans les Landes. Nous sommes aussi immatures l'une que l'autre et Marie-Noëlle me charme par son romantisme. Nous mangeons très peu et méditons chaque jour après la communion. L'après-midi, plus détendues, nous faisons les promesses les plus folles, écrites et signées pour la vie. Nous avions presque réinventé les commandements de Dieu, appliqués aux coutumes de notre époque. Nous jurons fidélité éternelle, c'est facile et évident. Et nous nous promettons de ne jamais nous refuser à nos maris, ce que nous pensions être sans doute un plaisir, mais surtout une corvée! « Quand tu ne voudras pas, tu l'accepteras en pensant à moi. D'accord! Et toi pareil. D'accord. » Images pieuses, signatures. Marie-Noëlle est morte six mois après son mariage. Ainsi ses promesses ont eu le temps de tenir, pas les miennes.

Le mariage est célébré dans l'intimité, en présence des deux familles. La mienne, très réduite, se compose de ma mère, ma sœur et de mon oncle chanoine. Une cérémonie simple mais belle, dans une petite église de campagne, avec une haie de scouts qui attend la sortie nuptiale. Le déjeuner est rapide et les adieux précipités. Nous avons hâte de nous retrouver seuls pour enfin vivre notre amour loin des regards indiscrets. Egoïsme de l'amour qui nous fait oublier ceux qui nous entourent. Ma mère nous accompagne jusqu'à la gare et fond en larmes, anéantie par la douleur d'avoir « perdu » son enfant.

La plus belle page de sa vie était définitivement tournée alors que la mienne commençait à peine à se noircir...

Un voyage de noces idyllique. L'avion pour la première fois, la Suisse, le lac, les brioches, les chocolats, les confitures, et le bonheur de vivre intensément chaque minute. Plus de nuits, plus de jours, la passion et le rire. Une entente parfaite, l'insouciance de deux êtres encore adolescents, dont la seule préoccupation est de s'occuper du présent sans présager du futur.

Aujourd'hui, je me souviens avec une émotion profonde de ces jours heureux, limpides et purs, où chaque instant m'apportait une joie nouvelle. Je n'ai jamais connu dans ma vie une période de plénitude aussi dense et aussi parfaite. Mon illusion était devenue réalité. Tous les éléments nécessaires à la construction d'un bonheur idéal étaient réunis dans nos mains fragiles : nous étions mariés, amoureux, sans contraintes, sans responsabilités, dans un monde où tout nous souriait. Mon mari était l'homme le plus merveilleux de la terre, je ne lui trouvais aucun défaut et souvent je regardais avec tendresse mon alliance, et la bague de fiançailles qu'il m'avait offerte. Je savais qu'il avait participé à son achat en vendant l'accordéon qui lui était si cher, et j'étais fière de ce sacrifice qui rehaussait, si cela fût encore possible tant mon admiration était grande pour mon jeune mari, l'image que j'avais de lui. Bien que nous ne fussions plus des adolescents, nous profitions de notre amour comme des enfants. Nous ne nous arrêtions pas sur nos sentiments, nous n'éprouvions pas, comme souvent le font les adultes, le besoin de nous retourner vers notre passé, ou de réfléchir sur le présent vécu, avec la nostalgie de perdre le souvenir de ce que nous ressentions.

Vraiment nous étions si jeunes que nous n'avions

même pas la notion du temps qui passe. Comme de petits animaux nous suivions nos instincts, jouissions des plaisirs qui nous étaient donnés, sans même réaliser que nous avions beaucoup de chance.

Pourtant, un après-midi, comme nous marchions enlacés le long du lac, j'avais déclamé en riant quelques vers de Lamartine, réminiscence de mes récentes études : « O temps, suspends ton vol, ô vous, heures propices, suspendez votre cours, laissez-nous savourer les rapides délices des plus beaux de nos jours. » Ces quelques vers représentent tant pour moi maintenant, et n'avaient pris cependant dans mon âme de dix-huit ans aucune valeur symbolique. Je voulais impressionner Pierre par ma culture poétique, mais ni lui, ni moi, n'avions envisagé que la douceur de notre paysage intime pourrait être troublée par des nuages sombres, et que tels ces héros romantiques dont nous nous moquions, nous subirions un jour les tourments d'une passion qui se déchire.

Tous les rêves ont une fin, le nôtre se termine, bien que nous n'en soyons pas conscients, sur un quai de gare quelque part en Suisse : c'est le retour, la reprise de contact avec une réalité moins attendrissante. Après un bref intermède en Aquitaine, le temps d'embrasser maman, et de faire déguster à mon « Nordique » un confit d'oie, nous retrouvons nos attaches normandes.

Désormais, j'appartiens à une grande famille, puissante, généreuse sans doute, mais terriblement envahissante. J'ai de nouveaux parents, des frères et des sœurs, mais tout m'est étranger. Mon exubérance et ma peau mate forment une ombre insolite dans ce tableau serein et paisible, que représente ma belle-famille. Je ne trouve pas ma place dans cette froideur nordique, et je tente de gagner refuge auprès de Pierre qui seul peut m'aimer et me comprendre. Avec lui, je m'amuse, le rire succède au rire, il me présente ses sketches les meilleurs, je lui offre en échange des envolées de *French Can Can* fort coquines. Faiblement informée des « choses de la vie » car maman s'est toujours refusée à me considérer comme une femme et non plus comme une fillette, j'avais appris cependant qu'une épouse parfaite devait être également la maîtresse de son mari et non pas seulement une femme du monde. C'était une intuition que j'avais, ou peut-être avais-je glané cette idée dans quelque lecture interdite.

Pierre et moi décidons en commun de profiter de nous deux pendant plusieurs mois, gardant pour l'avenir la perspective de faire un enfant. Mais, enfants nous-mêmes, nous ne connaissions pas tous les secrets de la nature, et dès le premier mois de notre mariage je découvre très étonnée que je suis enceinte. Nous sommes à la fois heureux de cette nouvelle, et déçus de n'avoir pu jouir plus longtemps de la merveilleuse entente qui nous unissait.

Nous partageons la maison des grands-parents de Pierre, car celle qui nous est destinée n'est pas encore prête. Nous attendrons plus d'une année avant d'obtenir le droit de former un foyer « rien que pour nous trois », et je soupçonne mes beaux-parents d'avoir retardé délibérément notre déménagement, afin que nous puissions rester le plus longtemps possible sous leur tutelle, affectueuse mais intransigeante.

Notre demeure « temporaire » est loin d'être inconfortable. C'est un hôtel particulier, somptueusement décoré, qui s'ouvre sur un jardin intérieur ravissant. On nous a aménagé au premier étage une sorte de petit appartement, très coquet, composé d'une chambre, d'un salon et d'une salle de bain. Mais si je ne peux me plaindre du confort ni même de l'attitude des grands-parents de Pierre qui se montrent d'une gentillesse infinie à notre égard, nous souffrons (ou peut-être suis-je la seule à en souffrir?) du manque d'intimité. Nous ne sommes jamais seuls, prenons nos repas avec les grands-parents, sœurs, frères ou parents selon les décisions de mon beau-père. Aucun moment de délassement, une tension permanente qui me poursuit jusque dans mon sommeil et commence insidieusement à limer la confiance aveugle que j'ai en mon mari.

Pierre n'est plus un enfant, il va devenir père et pourtant il n'a pas toujours des réactions adultes. Il est encore trop lié à sa famille, et la vision rayonnante que j'ai de lui se teinte parfois d'amertume; mais je ne me rends pas compte du mauvais présage que cette transformation annonce. Pourtant maman m'avait bien prévenue!

Maman, dont la présence jalonne ma propre vie, toujours disponible mais pas toujours de façon positive, maman ne facilite pas mon difficile apprentissage matrimonial. Au lieu de me soutenir, elle critique ma belle-famille, envenime mes rapports avec mon beau-père par des réflexions acerbes, et surtout ternit l'image que j'ai de Pierre en le diminuant à mes yeux.

Décidément la famille détruit notre bonheur. Je le ressens douloureusement pendant mon dernier mois de grossesse, lorsque mon futur bébé prend l'initiative de vouloir bien trop prématurément prendre une bouffée d'air frais. Afin d'éviter tout accident je dois m'aliter et maman ainsi que ma belle-mère se précipitent, pleines de bonnes intentions d'ailleurs, au chevet de la future accouchée. Allongée sur mon lit, totalement dépendante de mon entourage, je reçois avec désespoir l'image de notre couple. Deux êtres tiraillés entre deux familles, qui ne peuvent pratiquement jamais se retrouver en tête-à-tête malgré l'amour qui les attire l'un vers l'autre, et qui progressivement s'engourdissent dans ce cocon de protection que leur fabriquent les « maîtres du logis ».

Stérilement, je me révolte contre ces « autres » qui nous volent nos journées, souvent même nos soirées, en percevant avec angoisse la triste fin d'un conte de fée, qui avait pourtant si bien commencé.

La naissance de mon fils, loin d'entraîner la grande réconciliation familiale tant espérée, accentue au contraire les différences qui nous séparent. Bien sûr, j'ai donné un héritier à la « Grande Fabrique ». En cela, je gagne un point, mais parallèlement je perds tous les autres. Les conflits succèdent aux conflits. Ceux de ma mère, ceux des parents de Pierre. Tous nous arrachent notre bonheur, et nous sommes trop jeunes pour le défendre. Je supplie Pierre de m'emmener ailleurs : « L'argent n'a pas d'importance, ce qui compte c'est d'être ensemble. » Mais il n'a pas voulu m'écouter, je n'ai sans doute pas eu assez de force et de courage pour sortir de ces sables mouvants, de ces parents qui nous engloutissaient.

Après la naissance d'Alain, nous vivons encore chez les grands-parents de Pierre, et dans cette atmosphère confinée j'étouffe de plus en plus : tout doit être conforme aux lois de « la » famille.

Quand nous entrons, enfin, en possession de notre maison, je sens souffler autour de moi le vent de la liberté. Ce n'est qu'une illusion. Très vite, je dois me rendre à l'évidence : ce déménagement n'entraînera aucun changement dans notre situation. Au contraire, celle-ci se détériore. Mes châteaux d'illusions s'écroulent silencieusement, et la vérité de notre union s'impose chaque jour avec plus d'acuité. L'homme idéal dont je rêvais, que j'avais cru trouver dans l'image de Pierre, n'existe plus. Mon imagination d'adolescente m'a trompée, et cette constatation me fait terriblement souffrir. J'avais tant attendu ce moment merveilleux où je serais de nouveau sous la protection d'un homme. Comment ai-je pu penser que Pierre m'apporterait cette sécurité bienfaisante, cette force apaisante à laquelle j'aspirais depuis la mort de mon père ? Dès l'âge de douze ans, j'avais vécu dans un environnement purement féminin, et dans ma tête de petite fille je m'étais construit un mythe « masculin » grand, fort, protecteur, le chevalier sans peur et sans reproche ! Comment avais-je pu confondre ce mythe avec Pierre mon mari ?

J'étais bouleversée par des sentiments contradictoires et je n'arrivais pas à mettre de l'ordre dans cette tempête sentimentale. J'aimais Pierre, j'admirais sa virilité et pourtant je savais que mon caractère était plus fort que le sien. J'étais trop entière et trop jeune pour comprendre ou admettre que l'amour n'est pas la projection d'une image parfaite sur l'autre, mais que c'est au contraire un sentiment qui s'ouvre à l'autre tel qu'il est, avec ses défauts et ses qualités, qui accepte et qui comprend, et évolue avec le temps. Non, pour moi, je devais aimer à la folie, sans concession. Et mon intransigeance dut certainement contribuer à un échec dont je ressens encore aujourd'hui les stigmates douloureux.

A l'aube de mes vingt ans, la situation dans laquelle je me trouve me semble intolérable. Pour résister à ma belle-famille, je maintiens un mutisme de mauvais aloi : trop de frustration entraîne obligatoirement une réaction à retardement. Le drame éclata une triste soirée de mai...

« *Mais pourquoi rappeler tant de scènes de douleur... et causer ainsi des émotions pénibles ? Pourquoi raconter avec complaisance des détails lamentables ?...* » (Henry Dunant). Le respect d'autrui doit toujours prévaloir sur nos ressentiments...

Profondément blessée, une fois de plus, je suis prise d'une violence soudaine, et m'enfuis, fermement décidée à ne plus jamais revenir. Mais où irais-je ? Je n'ai pas d'autre issue que maman, et retourner chez ma mère n'est pas une solution. Aveuglée par les larmes, je cours, je cours vers la jetée, vers cette mer qui me fascine et dont le roulement sur les galets m'envoûte. Assise, cachée derrière un rocher, je pleure, recroquevillée contre le roc humide, transie de froid. J'ai vingt ans, je veux m'amuser, rire, vivre. Mais ils me prennent ma jeunesse. « Bientôt, murmurai-je tragique, ils me prendront ma vie. »

Mon projet suicidaire s'estompe avec le bruit des vagues. Impossible de me lancer dans cette masse sombre, j'ai trop peur, mais je dois absolument accomplir un acte irréversible. Je regarde mon alliance. Elle semble terne dans cette nuit étoilée. J'ai l'impression qu'elle étrangle mon doigt, qu'elle tue ma liberté. Pour me venger de toutes les souffrances que cet anneau symbolique m'inflige, je le jette rageusement dans la mer, sans regret, ni remords. Le fragile lien qui affirmait aux yeux du monde mon union éternelle est rompu. Tout d'un coup, je me sens seule, abandonnée de tous, et longtemps le silence de la plage sera entrecoupé de mes sanglots désespérés.

Le souvenir de Tess me hante. Serais-je comme elle, incapable de découvrir un bonheur paisible? Devrais-je toute ma vie frôler un bonheur qui jamais ne m'appartiendrait? Ce n'est pas possible. Qu'ai-je donc fait pour être punie de la sorte? J'essaie de trouver une réponse en priant, mais mon angoisse ne s'apaise pas. Je tente alors de me révolter, de construire des projets belliqueux et glorifiants, mais le froid, la fatigue et la faim ont tôt fait d'amenuiser ma résistance. Et puis surtout, il y a mon bébé. Il a besoin de moi. Jamais je n'envisagerai d'abandonner mon seul et unique amour.

Le jour se lève et les affres de la maternité me tirent de ma torpeur. Il faut penser à Alain, il est encore si petit! Je rentre à la maison, sans joie, avec le souvenir de cette triste aventure gravée dans mon esprit. Pierre a passé une nuit blanche. Il a les traits tirés. Sa famille et lui-même m'ont cherchée une partie de la nuit. J'ai entendu leurs appels, mais jamais je n'aurais répondu à leurs voix, je voulais qu'eux aussi connaissent la souffrance de l'attente. Pierre, en me voyant, me prend dans ses bras, me console, me cajole. J'accepte ses caresses, elles me réconfortent, mais je sais désormais que rien ne sera plus jamais comme avant. Notre amour s'est brisé contre le mur triste de la « Grande Fabrique ».

Depuis mon retour, Tess me poursuit; comme

elle, je subis un destin que je méprise. Comment échapper à cette fatalité? Je suis complètement désorientée. Maman, bien qu'elle soit en de très mauvais termes avec ma belle-famille, me conseille de rester auprès de mon mari : « Monique, je serais incapable de te faire vivre, tu n'as aucun métier, maintiens une sorte d'entente avec Pierre, car tu n'as pas le choix. »

Alors je ne suis pas partie. Par attachement pour Pierre malgré tout, mais surtout par crainte qu'ils ne me prennent mon bébé. Je suis restée. Et ce fut le début de la lente décrépitude de notre union.

Je ne vis plus que pour mon fils, mes robes et mes voyages. Je ne pense qu'à une chose : fuir, partir ailleurs. Je ne supporte plus de rester à F... Tout prétexte est valable pour aller quelque part : une maladie, la santé d'Alain, ma mère... Je vais souvent à Bordeaux ou à la montagne. Mon fils grandit mal, il fait des crises d'asthme très violentes et dès l'âge de deux ans, je dois l'emmener en cure à La Bourboule, puis en Suisse.

A quatre ans, il souffre d'une primo-infection sévère, qui l'oblige à rester un an et demi en altitude. Pierre a loué un chalet. Ma mère garde Alain et je vais les rejoindre très souvent. J'ai vieilli, je suis devenue sûre de moi et n'ai plus peur de personne. Mon mari accepte mal cette situation, mais n'ose rien me reprocher. Il sait que la détérioration de notre couple vient en partie de notre faiblesse réciproque et aussi de l'ingérence de nos familles respectives.

Quand je reste à F..., pour m'occuper je monte à cheval. J'adore les chevaux et ces randonnées interminables qui m'éloignent de cette atmosphère oppressante. Seule dans la forêt à l'écoute d'un oiseau, je cherche dans le silence des bois une sorte de paix intérieure qui ne m'habite plus. Je découvre les fougères naissantes sous les feuilles mortes, comme si elles pouvaient m'apprendre la sagesse de la vie. Je ne sais plus où est le bonheur. En fait, il se limite à des événements très fugaces : les bonnes notes d'Alain, un voyage à Paris, une robe neuve. Une vie futile, sans consistance, dans une opulence triste. Je gaspille l'argent que mon mari me donne. J'achète toutes sortes de choses inutiles pour combler le vide qui m'envahit. Notre couple est désormais totalement désuni. J'ai vingt-cinq ans et déjà nous faisons chambre à part, mon mari et moi. La rupture avec ma belle-famille est consommée depuis une explication dramatique que j'ai eue avec mon beau-père. Il réclame des excuses, je refuse d'en donner. La faille devient une crevasse. Je ne vois plus les « gens de la maison d'en face » et mes allées et venues se font désormais par la petite porte de la cave dans l'autre rue.

Nous ne passons même plus nos Noëls en famille. Ma belle-mère en est désolée et tente de nous réconcilier, mon beau-père et moi. Mais chacun de nous reste intraitable. Noël devient un calvaire. Moi qui aimais tant cette fête, qui depuis mon enfance attendais ce jour béni pour confectionner la crèche. Je revois encore maman dans notre salon bordelais, qui s'affairait autour d'un immense sapin, pendant que je courais, nattes au vent, pour chercher de la mousse et de vieux morceaux de verre brisé, champs et lacs imaginaires qui entourent la grotte sacrée. A travers les années, le « Mystère » avait conservé dans mon esprit ce caractère fabuleux qui avait tant passionné mon enfance. L'arrivée du petit Jésus, le fils de Dieu ! C'était si beau, si émouvant. Je voulais que mon fils connaisse aussi ces instants presque surnaturels où toutes les bougies s'éclairent dans les branches, quand la crèche, le lendemain de Noël, offre sur la paille fraîche le corps d'un petit nouveau-né.

J'avais transmis ce goût du merveilleux à Alain; qui dès l'aube se réveillait en criant : « Je suis réveillé, je suis réveillé... » et nous, les parents, encore tout ensommeillés d'un réveillon familial prolongé, devions nous lever prestement pour présenter à notre petit garçon le plus beau miracle de Noël.

Mais ces jours heureux avaient disparu. A la suite de la grande rupture, je décidai de ne plus me rendre aux réceptions familiales. Comment ai-je pu accepter de rester seule ce soir-là, sachant que toutes les familles de France se retrouvaient dans la chaleur de leur foyer? Je pleurai toute la soirée, luttant contre mes larmes, trop humiliée pour me plaindre.

Les années s'écoulèrent et jamais je ne suis retournée célébrer la Nativité en famille. Mais, au bout de trois ans, refusant de jouer cette comédie plus longtemps, je décidai de passer dorénavant tous mes Noëls à la montagne en emmenant avec moi Alain, dont la santé réclamait des séjours en altitude. Il n'y eut plus d'arbre, plus de bougies, plus de crèche. Je finissais par détester cette fête qui m'avait laissé tant de souvenirs pénibles. Depuis ce temps d'ailleurs, le 24 décembre me porte malheur.

En effet, quand je voulus renouer avec la tradition, de longues années plus tard, afin d'offrir à ma mère qui était alors une très vieille dame un Noël digne de ceux que nous avions connus autrefois, elle tomba malade le 23 décembre et devint grabataire pour s'éteindre tristement l'hiver suivant. A partir de ce jour, jamais plus je n'ai fait d'efforts pour retrouver mon rêve d'enfance.

A la suite de cette cruelle déception qui symbolisa pour la jeune femme que j'étais la brisure irrémédiable, je n'eus plus qu'une obsession : celle de quitter à tout jamais un monde dans lequel je m'étais toujours sentie étrangère.

Mais c'était encore trop tôt, Alain était trop jeune et, prisonnière de ma cage dorée, je n'entrevoyais aucun moyen d'échapper à mon statut de « résidente surveillée ».

Pour me rendre utile, j'essaie de faire du bien autour de moi. Je suis au courant de tous les problèmes des domestiques, des ouvriers de la fabrique. J'aide dans la mesure du possible à résoudre leurs difficultés. Parfois je vais en ville visiter des quartiers pauvres. J'apporte un peu de bien-être dans des familles démunies; je rachète la futilité de ma vie.

Le temps passe. On fait « comme si » notre couple marchait bien. Toujours présents ensemble à la messe dominicale, toujours applaudissant le jour de distribution d'étrennes du personnel de la fabrique... Ce faux-semblant pèse de plus en plus lourd sur ma conscience, mais je l'accepte pour mon fils.

Que d'ennui! Toutes ces journées se suivent et se ressemblent, creuses et tristes. Le matin, je me lève tard pour écourter une matinée sans joie; vers onze heures, je pars faire des courses. A midi, je déjeune avec Alain et mon mari, l'après-midi, je monte à cheval; à quatre heures, je partage le goûter d'Alain... Ces horaires se répètent jour après jour, semaine après semaine; s'arrêteront-ils ne serait-ce qu'un instant?

Lasse de ces journées sans fantaisie, je trouve dans mes lectures cette passion que je ne connais plus. Je dévore Zola. Etrangement je m'associe aux héros de *Germinal* ou de *Gervaise;* dans leur combat pour plus de justice et de liberté, je retrouve ma propre lutte pour une vie plus vraie. Cette pauvreté qui suinte à chaque ligne, la médiocrité de l'environnement dans lesquels se battent avec tant de ferveur, mineurs, ouvriers, cheminots, me font ressentir plus durement l'écœurement que soulève en moi ce luxe dont je profite vénalement.

Ces lectures me donnent le goût du combat. J'ai envie de me battre, de rejeter tous ces principes moraux qui m'ont été inculqués sans que je puisse réellement juger de leur valeur. Tant pis, si je choque les esprits bien-pensants de la région, tant pis si le père R... me foudroie de sa malédiction. Je ne veux plus être le disciple d'un moralisateur, je veux être la femme d'un homme qui m'aime en tant qu'être de chair et de sang avec ses instincts et ses passions irréfléchies. Je ne veux plus jouer le rôle de cette créature intouchable et pure, que le père R... m'a imposé.

Pour me soutenir dans mon combat contre des pulsions que j'estimais « perverses », j'avais trouvé en la personne de ce prédicateur jésuite un conseiller que je considérais à l'époque comme mon sauveur!

Quand je pense à toutes ces années perdues, à cette jeunesse stérile, je ne peux m'empêcher de croire qu'il aurait mieux valu pour mon équilibre que le père R... ne croisât jamais mon chemin. Je l'avais rencontré au cours d'un de ses sermons de Carême, et je m'étais complètement abandonnée entre ses mains. Que de sacrifices inutiles! Avec le temps et les expériences que l'existence m'a permis de traverser, je suis devenue une femme autonome, libre de ses actes, un brin épicurienne, et qui met en pratique ce vieil adage latin, découvert, hélas! trop tard : *Carpe diem,* jouis du jour qui passe, profite de l'instant présent.

Mais à vingt-cinq ans, je ne connaissais pas suffisamment la vie pour connaître la valeur de l'*instant.* Puis le temps eut raison de mes réticences. Imposer une telle abstinence à une jeune femme en pleine fleur de l'âge, c'était inhumain : il fallait s'y attendre, l'héroïne craqua. Toutes ces années d'attente étaient sans lendemain. Si je n'obtenais pas ma liberté, je continuerais à végéter, passant d'amourettes en déceptions, sombrant dans le dégoût de moi-même. Je voulais à tout prix éviter cette déchéance que je pressentais. J'avais déjà trop gâché ma jeunesse pour sacrifier aussi ma maturité. Pour mon fils j'avais accepté des compromis qui me révoltaient. Mais maintenant, il avait grandi, il atteignait sa douzième année, réussissait brillamment en classe, et je m'étais donné comme limite son entrée en sixième. J'estimais qu'ensuite il serait assez grand pour s'assumer tout seul, qu'il serait assez mûr pour suivre ses études pendant que, moi, je reprendrais les miennes.

Les études : c'était mon seul moyen, mon unique solution, pour sortir du marasme dans lequel j'étais plongée. Avec un métier en main, je pourrai enfin divorcer et briser ce cocon qui m'a retenue prisonnière depuis tant d'années.

UNE DOUBLE VIE

ALORS j'ai repris ma médecine après treize ans d'interruption. Reprendre est un bien grand mot, car en réalité je n'avais accompli qu'une année préparatoire à Bordeaux avant de me marier. Concrétiser une vocation d'enfance, quand on est devenue une femme de trente ans, déçue par la vie, ce n'est pas facile, mais ma motivation l'emportera sur mes hésitations.

Dès mon plus jeune âge, je rêvais de « travailler », à l'image de mon père, « dans le ventre des autres », et, aujourd'hui, je ne regrette pas d'avoir respecté cette passion enfantine; car à chaque intervention, quand je « travaille » effectivement « dans le ventre des autres », je trouve cela merveilleux. Des viscères c'est beau, c'est propre, c'est luisant, c'est sain! Plonger ses mains dans la chaleur d'un corps est une jouissance extraordinaire dont je ne me lasserai jamais. Un muscle aussi c'est magnifique, c'est une matière noble. Quand je vois un beau muscle, tout neuf, qui s'offre à moi, je souffre de le couper. J'aime et vénère le corps humain. Lui porter atteinte me paraît un sacrilège. N'est-ce pas une création de Dieu?

Appartenir au monde de la Médecine est un

grand privilège, que je défends farouchement. Quand un chef d'entreprise m'attaque en me disant que son métier est aussi important que le mien, je ne puis m'empêcher de répondre : « Votre métier vaut peut-être de l'or, mais le mien représente la vie et la vie n'a pas de prix. » J'admire les autres professions sans sectarisme, mais la Médecine est la plus noble des occupations puisqu'elle a pour objet la Vie de l'Homme.

Le malaise que je ressentais dans le couple que nous formions, mon mari et moi, grandissait de jour en jour, et cette situation fausse devenait insupportable. Pour résoudre mon dilemme postmarital, j'avais trente-six possibilités : quitter mon mari pour un autre, obtenir de mon mari une pension suffisante pour pallier l'existence de mon fils ainsi que la mienne... Mais ces solutions ne me convenaient pas : je voulais me prendre en charge, je refusais que quiconque intervienne dans ma vie pour me donner des ordres. En un mot, je voulais être « libre »! Et pour retrouver ma liberté matérielle et affective, l'unique issue pour moi résidait dans la reprise de mes études de médecine.

Reprendre ses études à trente et un ans, cela paraît impossible. Surtout à une époque où les femmes étaient encore très mal acceptées dans le milieu médical, considéré alors comme proprement masculin. Pourtant aucun obstacle n'est insurmontable que la passion ne puisse franchir. Tel un coureur qui oublie ses fatigues pour atteindre le premier l'arrivée, j'éliminais dans mon esprit les étapes intermédiaires : seul l'objectif comptait. Je le veux, donc je le peux, ma décision est prise, définitive, irrémédiable : je travaillerai et mon seul métier sera d'être chirurgien.

Je savais désormais quel serait mon but mais je

restais incertaine sur les moyens de le réaliser. Je craignais d'avouer mes projets à mon mari, connaissant trop bien sa réponse : « Dans ma famille, une femme se doit de rester chez elle ! » Pourtant, son accord était indispensable pour que j'accomplisse ce que j'appelais : « mon devoir ». Comment le faire changer d'avis? J'échafaudais des plans hautement élaborés et, pour une fois, je fus aidée par le destin. Nous passions, comme à l'accoutumée, nos vacances de Noël aux sports d'hiver, lorsque j'eus une conversation avec quelques amis qui fut déterminante pour ma carrière. A l'hôtel où je descendais, je retrouvai par hasard un couple d'amis médecins, et Jean D..., futur Prix Nobel de Médecine. J'exposai auprès d'eux mes problèmes et mes souhaits, et je reçus une réponse très encourageante : « Monique, vous ne pouvez pas rester comme ça. Ne repoussez pas les échéances éternellement, si vous voulez vraiment faire votre médecine il faut commencer tout de suite. » Ils avaient raison, mais nous étions en décembre et la première année de médecine était entamée. Jean D... intervint alors, me promettant que, dès son retour à Paris, il mettrait tout en œuvre pour me faire inscrire à la faculté de R...

Le Destin avait bien fait les choses. Non seulement je revenais de vacances avec une promesse d'inscription, mais encore, j'avais désormais des appuis éminents, qui faisaient partie eux-mêmes de la profession et à quel niveau!

Forte du soutien moral de mes amis, je décidai de faire part à mon mari des projets qui me tenaient au cœur. Sa première réaction fut celle que je prévoyais : « Ma famille n'approuvera pas ! » Cependant, voyant que ma volonté était prise au sérieux par des gens sensés, Pierre accepta à une condition : « J'accepte que tu fasses tes études de médecine uniquement si tu continues à tenir ta maison de la même façon. Je veux qu'il n'y ait aucun changement dans notre existence quotidienne; que tu puisses m'accompagner comme avant dans des réceptions d'affaires et que tu sois capable de recevoir à dîner, si la nécessité se présente. » En tant que chef de famille, il était dans son droit de me demander de respecter mes obligations d'épouse et il restait persuadé que je serais incapable de mener de front études et mondanités.

Les obstacles dans la vie, loin de m'abattre, me stimulent d'autant plus. Je relevai donc le pari avec fougue, heureuse d'avoir brisé si facilement la résistance de mon mari. Maintenant, il me suffisait de lever le barrage des inscriptions.

On obtint pour moi une dérogation, et mon inscription en « fac » devint effective début janvier. Encore un dernier point à résoudre et je gagnais mon droit d'entrée au temple de la médecine! Ce dernier point était en fait le plus épineux. En effet, lorsque tous ces événements se déroulaient, j'avais un objectif dans ma tête qui était celui du divorce. Or mon fils qui avait alors douze ans, était ce que j'avais de plus cher au monde et je ne voulais pas risquer de le perdre, même au prix de mes études de médecine. Pour éviter toute contestation de la part de mon mari, qui aurait pu m'accuser par la suite de quitter le foyer conjugal, je lui avais demandé de signer un papier, dans lequel j'indiquais que mes études se poursuivraient avec son plein accord. Je ne voulais surtout pas que ma démarche jouât en ma défaveur et me fasse perdre un jour la garde de mon enfant. J'étais très enthousiaste, mais je me rendais compte que les conditions de réussite étaient difficiles. Je n'avais pas fait d'études depuis plus de dix ans, j'avais une maison à tenir, et un fils encore jeune qui nécessitait des soins attentifs. Enfin soixante-quinze kilomètres séparaient mon domicile de la faculté.

Ma nouvelle vie s'annonçait très complexe, mais, attelée à mon projet, je ne voyais plus les contraintes qui m'étaient imposées. Mon programme était extrêmement chargé. Le matin, je me lève à six heures et demie pour assister aux stages. Je suis dispensée de cours, mais les cours pratiques sont obligatoires. Ils commencent le matin tôt et se terminent en début d'après-midi. Dès que je suis libérée, je rentre chez moi pour étudier. Je travaille jusqu'au dîner que nous prenons ensemble, mon mari, mon fils et moi, puis, la dernière bouchée avalée, je remonte dans ma chambre pour me pencher sur mes livres jusqu'à une heure tardive. Reprendre ses études après tant d'années, c'est vraiment très dur. Le cerveau, endormi par une longue période de repos, réclame des efforts de concentration beaucoup plus intenses. Il assimile moins vite. La mémoire rouillée par une inutilisation prolongée retient moins, est moins fiable. Je devais lutter sur tous les fronts, contre mon corps qui s'endormait et contre mon esprit qui s'affaiblissait.

Pendant treize ans, j'avais mené une vie insouciante et indolente, ne me levant jamais avant dix heures du matin, avec pour seul souci le soin de ma personne et de mon foyer. D'un seul coup, je suis projetée dans un univers extrêmement précis, soumise à des horaires et à une compétition intense de gens plus jeunes que moi. Mon entourage ne me facilite pas les choses, personne ne me prend au sérieux. Je me sens seule, face à une tâche quasi insurmontable, ayant à affronter de surcroît la médisance des autres. Ma famille, mes relations, tous pensent que la médecine est un prétexte fallacieux pour couvrir une liaison. Seuls quelques amis, les vrais, me soutiennent et m'admirent. Il faut du courage et certainement beaucoup de passion, pour se placer quotidiennement devant sa table de travail et se plonger des heures durant dans des traités rébarbatifs. Encore maintenant je me demande comment j'ai pu y arriver. Pourtant je crois que si c'était à refaire, je le referais! Pas de samedi, ni de dimanche. Le travail est mon seul univers, mon unique intérêt. Les dîners à l'extérieur, moi qui les aimais tant, sont alors très éprouvants car ils représentent une soirée perdue pour mes études.

Les repas du dimanche sont chronométrés. Nous avions l'habitude de déjeuner toutes les fins de semaine dans un restaurant sur le bord de mer, de nous engourdir dans la chaleur de conversations amicales et de vins raffinés, enfin de nous laisser bercer par la douceur des après-midi sans heures. Désormais ce rythme indolent disparaît. L'heure entre dans ma vie et m'impose sa présence. Le temps de déjeuner et vite le retour au pensum. Mon fils me suit dans cette ronde infernale. Malgré son jeune âge, il travaille beaucoup. Sa présence me stimule. J'étudie dans sa chambre, allongée sur son lit, lui à son bureau. Quand l'un de nous en a assez, il jette ses livres en proposant d'écouter un peu de musique classique. Nous nous accordons alors un bref répit, un petit moment de détente, plus court peut-être que la *Symphonie inachevée* sur laquelle nous rêvons souvent. Puis il y a la coupure du goûter, cérémonial auquel mon fils tient absolument. Enfin il y a le dîner, quand Pierre, mon mari, rentre de son après-midi d'équitation.

Les journées se suivent et se ressemblent, laborieuses et précises. Mon mari ne souffre pas de cette ambiance studieuse, il a son propre univers ailleurs, ses voitures de course qui prennent tant de place dans ses plaisirs! Du moment que je respecte ses conventions et que « mon occupation supplémentaire » n'altère pas mes devoirs de maîtresse de maison, alors il me donne son accord. Nous formons un couple désuni où chacun mène une existence qu'il ne partage plus avec l'autre, mais qu'il place en commun pour certaines circonstances.

Heureusement, pour la maison, le personnel s'occupe de toutes les tâches domestiques. J'établis avec eux le programme de la semaine, puis leur fais confiance quant au bon déroulement des opérations. Et l'esprit libéré de ces soucis ménagers, je prends le chemin de la faculté, me réjouissant à l'avance de la matinée que je passerai au chevet des malades.

La visite que j'effectue chaque matin compense largement les misères de ma vie privée. Grâce à ces premiers contacts avec la maladie, avec la souffrance et la bonté, je découvre la valeur d'un sourire et de la disponibilité aux autres. En première année on ne peut donner que cela et ce n'est que plus tard qu'on en connaît le prix. Le stage de chirurgie au deuxième semestre est une révélation : j'écoute tout, note les mots, et j'attaque sur tous les fronts. J'assiste passionnée à toutes les interventions, debout derrière une vitre, ne pouvant pas imaginer qu'un jour je tiendrai dans ma main le bistouri du Patron.

Ce Patron qui appartenait à la race des anciens mandarins était pour moi l'image parfaite du chirurgien des hôpitaux : il alliait à une rigueur scientifique éprouvée une patience infinie dans son approche des patients. Il partageait ses activités entre son service hospitalier – cent cinquante lits – et sa clientèle privée. Cet homme, bon mais autoritaire et coléreux, exigeait de ses élèves un travail parfait. Il insistait beaucoup sur l'importance du geste. « Il doit être délicat, il faut amadouer une paroi abdominale avant de l'examiner plus profondément. » Il agissait toujours avec humanité au chevet des malades, et au bloc opératoire, ses mains étaient sûres. C'était mon maître, mon maître à penser, le Patron. Celui qui dirige et sait tout : le Dieu, le Père du service chirurgical.

J'étais subjuguée malgré son exigence, et parfois son intolérance. Il n'admettait jamais la fatigue, l'erreur ou le retard. Nos observations devaient être impeccables, nos fiches de sortie parfaites. Il veillait à tout, rien ne lui échappait. Il criait très fort, faisait faire l'appel et nous traitait avec sévérité comme si nous étions de petites pensionnaires. Mais j'aimais cette discipline bien qu'elle fût quelquefois très austère, car je savais que dans le sillage d'un tel maître, je ne pouvais que devenir une bonne élève.

Pendant toutes ces années d'études, stimulée par mon Maître et par mon ambition, j'ai, je crois, donné le meilleur de moi-même.

Mon objectif devient une obsession, et malgré les difficultés je refuse d'abandonner. Pourtant j'ai connu des échecs humiliants, mon examen de première année qui représentait tant et que je dus repasser en septembre, l'*anapath* qui fut pour moi en troisième année une matière à cauchemars qui faillit remettre mes études en cause. A chaque arrêt, quand je m'embourbais dans l'incompréhension, je déblayais le terrain du mieux que je pouvais, puis je repartais sans amertume.

Mon projet est tout ce que je possède, même le bonheur de mon fils passe par sa réalisation. J'ai un pari à tenir, une leçon à donner à tous ceux qui se sont moqués de mon acharnement. Je tiens à prouver à mes proches, comme à mon entourage, que je ne suis pas la jeune femme volage qu'ils veulent absolument voir en moi. Non, depuis que j'ai, comme Tess, « échangé mon chapeau contre une coiffe », quand j'ai enfilé pour la première fois ma blouse blanche d'étudiante, quand j'ai vu le sang jaillir dans le flacon d'une veine que j'avais piquée dans ma main, je savais, comme la petite Urberville, « que je venais de fonder mon avenir sur une nouvelle base ». Cette conviction me donna, comme à mon héroïne, « de la sérénité » et je pus « désormais regarder autour de moi ».

Les chevaux eux-mêmes ne me manquaient plus. L'équitation avait meublé ma vie de femme désœuvrée et si le souvenir de mes folles galopades dans la forêt d'Arques-la-Bataille, au début, me rendait nostalgique, très vite, je les oubliai. La médecine avait envahi mon âme, entièrement, en occupant la place de mon ancien amour. Seul, je gardais un petit coin de cœur pour mon fils. Mais lui aussi malgré mes efforts, pâtira de ma nouvelle passion.

Le combat que j'ai mené dès la première année ne s'est jamais relâché. Si, avec le temps, mon esprit s'assouplit et devient plus réceptif à tout enseignement, si ma mémoire retient mieux et facilite ainsi mon travail, ma vie, elle, se complique au fur et à mesure que je gravis les marches de mon apprentissage.

Quand j'atteins l'externat, les conditions de mon

mari me semblent draconiennes. Je dois découcher parfois pour effectuer mes gardes d'externe, mais nos conventions n'admettent pas que je m'absente pendant la nuit; et si j'obtiens l'autorisation de prendre mes gardes à l'hôpital, je n'aurai jamais le droit de me retirer d'un dîner, même si celui-ci se tient le lendemain de ces nuits sans sommeil. Je suis prisonnière d'une double vie et, en conséquence, astreinte à un rythme démentiel. Deux garde-robes, deux vies qui ne se recoupent pas et qui exigent chacune à sa manière une disponibilité totale.

Quelle différence entre cette réalité d'hôpital – dure, faite de souffrance et de lutte – et mon autre monde empreint de luxe et de futilité!

Mon existence se divise désormais en deux pôles : mes études et mes obligations mondaines. Parfois j'ai du mal à croire que je suis cette même femme qui se présente aux cours en blouse blanche et talons plats, et cet autre moi-même, sophistiqué, superficiel, objet de luxe et de plaisir. Comment ai-je pu concilier ces deux images si dissemblables, qui s'attirent et se rejettent à la fois, sans que jamais il y en ait une qui prime l'autre? A l'époque je ne connaissais pas la réponse. Mais, maintenant, quand je considère cette étrange dualité avec un peu de recul, je dois avouer que l'explication ne se trouve pas seulement dans l'attitude de mon mari qui m'obligea à évoluer dans ce labyrinthe absurde, mais également dans ma personnalité qui réunit sans partage ces deux éléments de ma vie, ne pouvant se passer, ni de la profondeur de l'un, ni du confort de l'autre.

Et jusqu'à ce jour j'ai dû lutter continuellement pour maintenir un difficile équilibre entre ces deux tendances contradictoires qui oscillent d'un égoïsme facile au sacrifice du don de soi. Pour échapper à ce bipartisme spirituel, je me suis réfugiée dans l'action, car elle seule peut rejeter le balancier du destin en provoquant l'avenir à grands coups de boutoir.

Pendant l'internat, le combat fut sans merci, et je dus, cette fois, sacrifier mon fils. J'étudiais nuit et jour, je m'empêchais de dormir, perdant à la suite de cette bataille contre le temps un sommeil, que je n'ai jamais retrouvé depuis. De toutes mes forces, je luttais contre la fatigue qui m'envahissait, je refusais de me coucher avant d'assimiler le programme qui m'était imparti. Il fallait que je gagne. Je devais décrocher l'internat pour obtenir ma liberté! C'est un concours difficile, qui demande des efforts intenses tout au long de l'année. Travailler est alors mon unique préoccupation : anatomie, médecine, chirurgie, physiologie, le programme est vaste, les places rares et les candidats nombreux. Je suis souvent absente de la maison, car j'ai mes gardes d'externe et deux conférences par semaine qui se terminent vers deux heures du matin. Ces soirs-là, je couche chez ma mère à R..., afin de protéger mon impunité sur le plan civique. Je l'avais fait expressément venir de Bordeaux pour cette raison. Ne pas rentrer le soir m'est interdit, à moins que je puisse me référer à un témoin pour détourner toute accusation. La présence de ma mère dans l'appartement que j'ai loué à R... me défend contre d'éventuelles contestations.

Progressivement, ma vie s'organise autour d'un objectif unique : l'internat. Mon fils se sent frustré de ma présence et commence à détester tout ce qui concerne mes études. Lui, qui au début me posait une foule de questions sur mon emploi du temps à l'hôpital, se détourne systématiquement dès que je commence à parler de mes expériences. Un jour, exaspéré par cette situation, vexé, ou blessé de ne pouvoir obtenir mon attention, il prit tous mes cahiers, mes livres, toutes mes notes et les jeta dans le couloir, en sanglotant, de rage peut-être, mais sans doute aussi de désespoir. J'étais consternée de le voir malheureux, j'essayais de le raisonner, de le rassurer, mais il savait que je n'étais pas disponible pour lui, et je savais que je n'avais pas le choix. Aujourd'hui Alain prend sa revanche. A trente-trois ans, il est devenu directeur général à la suite de brillantes études, et c'est lui qui maintenant n'a plus de temps pour sa mère, qui écourte ses appels en lui disant qu'il a « d'autres choses à faire ». Juste retour du destin qui inverse les positions, faisant de moi le demandeur et d'Alain le décideur, celui qui tranche, ordonne et qui n'est disponible pour personne. Son travail avant tout!

Mais, en cette pénible année d'internat, j'avais des excuses car personne ne peut réussir un concours aussi difficile sans s'immerger complètement, sans oublier le monde qui l'entoure. Quand la convocation tant attendue arrive enfin, c'est pour moi une délivrance. Le texte est précis. Je dois me présenter tel jour, à telle heure, devant tel bâtiment de l'hôpital. Bientôt, j'obtiendrai la sanction d'une année de sacrifices!

Tendue, nerveuse, j'arrive le jour dit dans la salle d'examen où je retrouve tous mes copains de Fac : « Tu as le trac Monique? Tu es verte... » « Moi c'est horrible, je ne me souviens plus de rien », me confie un ami. Toute la salle chuchote de ces conciliabules de dernière minute où chacun tente de réconforter l'autre... Lequel ressent la même angoisse. Puis l'heure est venue, le silence s'établit et le sujet, comme une sentence, tombe sur nos pupitres.

Première matinée, l'anatomie : « les releveurs de l'anus ». Peut-on imaginer une question plus triste? Le manque d'intérêt pratique que représentent pour moi ces muscles m'avait conduite à en faire l'impasse. Par curiosité, j'avais lu une fois, un an auparavant, ces pages passionnantes... Ça commençait mal! Je soufflai à mon voisin : « Dis-moi, le faisceau superficiel s'attache où?... Et le profond? » Prise en flagrant délit de communication, on me sanctionne d'un avertissement, comme au rugby. Puis la suite du concours se déroule sans heurts, en deux jours. Je possède bien les sujets suivants, et l'écrit se passe sans problème. Il me reste l'oral. Je prépare activement mon dernier tour de piste.

Nouvelle convocation, nouveau trac. Quel événement! Nous sommes tous groupés dans la salle d'archives, en attendant qu'on appelle nos noms. Une attente qui devient un véritable enfer pour une personne nerveuse, et qui passe, bien entendu, l'avant-dernière. Surexcité, j'enlève mes chaussures, et tourne comme une hyène en cage. Mes copains agacés par ce va-et-vient permanent n'ont même plus la force de protester. Enfin on vient me chercher : « Madame Le Grand c'est à vous. »

Un oral glorieux qui me fait rattraper les sept points, moins un quart, qui me séparent du major!

Quand je rentre dans la salle d'audience, quand je vois le jury qui me regarde, alors le spectacle commence. Grandiloquente, je déclame mon exposé avec un ton dramatique qui correspond tout à fait au sujet que j'ai à traiter : « Complications hémorragiques de la grossesse extra-utérine. » Sept minutes d'argumentations véhémentes, de remarques incisives et de constatations tragiques. Le jury abasourdi n'a que le temps de me féliciter. A la sonnerie je me lève, fière de mon talent. J'ai gagné, je suis nommée.

Quelle joie, quel soulagement! Je suis folle de bonheur. Mon avenir se présente devant moi, limpide comme un jour qui se lève.

« Maman est reçue », criait Alain dans la maison. « Madame est reçue », disaient les domestiques. « Monique est reçue », annonçait Pierre avec fierté à ses parents qui commençaient à y croire. A croire quoi? Pas ce que je pensais. L'internat c'était la liberté, le premier salaire, le premier chéquier. Mon divorce était au bout de ce succès.

Prenant mes fonctions en mai, on parle mollement de divorce; moi, j'y songe avec détermination. Je continue mes cent cinquante kilomètres par jour. J'ai une chambre à l'internat, un bâtiment construit dans l'enceinte de l'hôpital, où je dors pendant les gardes.

Les gardes d'interne, les premières responsabilités et la nouvelle dimension d'une vie. Un mélange d'angoisse et de joie, d'humilité et de suffisance. Etre interne, c'est entrer dans un monde nouveau, celui de son métier. On a appris à connaître, et on va enfin « connaître » ce que l'on a appris. Mais ce n'est pas évident. Quand on est étudiant, emporté par l'idéal de notre futur métier nous croyons à l'infaillibilité de nos connaissances. Nous avons l'impression que la médecine peut tout faire. Cependant je me suis très vite aperçue que la médecine n'est pas un pouvoir magique qui s'exerce sur les autres et qui va les guérir. La médecine c'est aussi une suite de réussites et d'échecs. On se trompe, on apprend et notre expérience s'enrichit d'une compréhension nouvelle qui nous évite d'accomplir la même erreur. Car la limite de notre pouvoir commence là où se termine notre connaissance. Quand on est jeune, on pense tout savoir, on imagine toujours que son action sera meilleure que celle des autres. Mais petit à petit, on descend de son échelle dorée pour reprendre pied avec la réalité. Certes notre action s'améliore avec le progrès des connaissances, mais la vérité médicale ne se trouve pas seulement dans des traités savants. Elle se vit au chevet des malades. Souvent les jeunes internes souffrent de « titularite » : ils viennent d'être nommés titulaires, donc ils savent tout. En réalité ils ont simplement eu le droit de payer leur entrée. Parce que l'internat c'est avant tout payer un droit pour apprendre la médecine. C'est un moyen et non une fin. C'est une introduction au merveilleux royaume médical.

Etre interne en chirurgie, c'est également pour une femme le début d'une aventure dont les déboires avec les hommes ne s'arrêtent jamais! Sauf peut-être si la nature nous a doté d'un corps d'athlète soviétique! Hélas! ce n'est pas mon cas. Féminine et sensible, je dois imposer mon autorité, non seulement auprès des étudiants mais aussi auprès des externes qui admettent difficilement de recevoir les conseils d'une femme. On essaie de m'éloigner de la chirurgie. Mes copains tentent de me persuader que je n'aurai pas la force. Ils me volent mes malades, choisissent en premier les cas qui les intéressent, en me disant : « Tu feras les hernies, les appendicites. » Or moi, je veux « faire » une vésicule, une hystérectomie. Le Patron lui-même ne veut pas donner l'avantage à une femme dans la distribution des choix. Ils sont les plus forts. Ce fut très difficile. Chaque jour, je devais gagner du terrain, mais je savais ce qui m'attendait. J'acceptais les coups car, malgré eux, j'étais sûre de devenir chirurgien.

Nous sommes trois internes pour un service de cent cinquante lits et le travail ne manque pas. Les chefs de clinique nous apprennent notre métier, nous laissant nous débrouiller lorsqu'ils se sont assurés que nous en sommes capables. Quelle angoisse d'opérer seule pour la première fois bien qu'il s'agisse d'une intervention simple! Au début le côté facile paraît terriblement compliqué; se retrouver seule responsable face à son malade, sans droit à l'erreur, quelle torture! Pendant ma première intervention j'ai eu très peur : peur de me tromper, de mal recoudre. J'avais envie de tout quitter, mais je ne le pouvais pas. Il y avait le malade et l'équipe qui me retenaient dans le bloc. Quand l'opération fut terminée (c'était une hernie), je me suis sentie soulagée d'un poids énorme.

Très vite, je m'habitue à mon nouveau rythme de vie : le matin j'opère, appendicites ou hernies (l'école maternelle de la chirurgie), puis le soir j'effectue mes contre-visites. Les gardes se divisent entre tous les internes. On les assure avec un externe qui reçoit les urgences et m'appelle à l'internat dès qu'elles arrivent. Chaque appel déclenche en moi une angoisse : « Pourvu que je sache, pourvu que je sauve! » Bien sûr il y a le chirurgien de garde, mais c'est une personne très importante qu'on ne dérange pas pour rien. Perdre sa fiabilité auprès de lui, c'est encourir des ennuis futurs.

Quel souvenir extraordinaire, la nuit, revenant à pied, drapée dans ma capote, d'écouter respirer l'hôpital. Il faut traverser plusieurs cours où tous les services sont représentés. C'est un microcosme dont je me sens la gardienne. Un univers de réfugiés, de bien portants où l'espoir et la mort se disputent la place. Pendant ces nuits souvent sans sommeil, plus rien n'existe en dehors de mes malades. Je les protège et eux me protègent du monde. Pour la première fois, je me sens en sécurité, inattaquable. Le matin la garde se termine à huit heures, et tout ensommeillée je reprends mes fonctions dans le service. Quand je ne suis pas obligée de rester, je quitte l'hôpital, ma contre-visite terminée, pour rejoindre ma petite ville où mon fils m'attend. Alain supporte de plus en plus mal ces longues séparations. Je l'ai trop couvé dans sa petite enfance, il n'arrive pas à se détacher de moi. Je décide alors de le mettre en pension dans un grand lycée de Rouen. Ce fut un triste moment quand, après l'avoir installé dans cet immense dortoir sans âme, je l'abandonnai en larmes à son destin sévère. J'étais désespérée, mais je n'avais pas le choix.

Le jeudi, Alain sort et vient m'attendre à l'hôpital, dans ma salle, avec les infirmières. Quand je termine, nous allons déjeuner au restaurant et le soir nous dînons dans ma chambre. Il participe à ma vie d'interne. Un jour, il assiste à une scène très amusante : un externe très cultivé en histoire, qui avait passé des concours télévisés, se croyait intouchable et refusait de prendre des gardes en disant avec mépris : « J'emm... les internes. » Nous avions décidé de le capturer. Ce jeudi nous sembla propice pour réaliser notre horrible méfait. Doucement, pour ne pas attirer l'attention de la victime, nous nous approchons de lui, et vite, lui jetons un sac sur la tête. Il se débat, s'échappe. Après une poursuite éperdue, on le rattrape. Puis traîné dans l'internat et attaché à un poteau du réfectoire, nous décidons de juger l'anathème. J'avais participé activement à la capture. Alain en était fier. Le jugement eut lieu et le malheureux, debout dans le plus simple appareil, fut badigeonné de mercurochrome et bénéficia d'une coupe de cheveux gratuite.

Henriette, la cuisinière, horrifiée, apportait les plats en baissant les yeux et s'enfuyait les bras tendus en avant, comme si le diable était à ses trousses! Alain était ravi, la nouvelle vie de sa mère n'était pas dépourvue de fantaisie.

Cet été-là, les procédures de divorce furent entamées.

En septembre, ma mère vint de nouveau vivre à Rouen pour permettre à mon fils de rester dans son lycée, sans être pensionnaire.

Ma vie d'interne me comble. J'opère souvent, soit seul, soit en présence de mon chef de service. Et pour perfectionner mes techniques, je participe également aux interventions de mon Patron. Ce Patron de toujours, qui m'a suivie tout au long de mes études et que j'admire tant. Il m'a aidée dans mon apprentissage de la chirurgie. « C'est merveilleux, mais plein d'embûches », me répétait-il souvent. Il me donna à lire les ouvrages de ses vieux maîtres. J'apprends « la chirurgie de tous les jours », simple mais belle. Il m'inculque la psychologie du chirurgien, ses devoirs et les erreurs à éviter. Il insistait surtout sur l'importance du diagnostic. « Vous savez, Monique, un bon médecin c'est comme un bon mécanicien, pour que la voiture remarche, il faut qu'il sache détecter la panne, déterminer si elle est d'origine électrique ou si c'est purement mécanique. Il doit raisonner avant de toucher le moteur. En médecine, la démarche est la même. Un chirurgien ne peut réussir que s'il est avant tout un très bon clinicien. »

Parce que la médecine, c'est surtout un problème de synthèse et d'analyse. Il faut analyser, inspecter, regarder, percuter, ausculter et obtenir le maximum de renseignements sur l'histoire du patient. Ensuite, une fois toutes ces données réunies, l'esprit doit les digérer, les faire passer par le contrôle de nos connaissances. Le cerveau agit comme un petit ordinateur qui assimile les informations et recrache les diagnostics. De nos jours, à toutes ces données résultant d'analyses personnelles s'ajoutent celles qui proviennent d'examens complémentaires : radio, prise de sang, etc. D'après l'ensemble on pose une indication, puis on donne un traitement. Actuellement les difficultés de la médecine résident dans le déséquilibre qui existe entre l'accumulation des examens complémentaires électriques ou biologiques et la relation : données cliniques, *computer* cérébral et réponse personnelle. Effectivement, on a tendance à dire : pourquoi ausculter un malade, quand une radio peut nous donner en cinq minutes une image réelle et précise d'une organe ? Pourtant il est dommage que les médecins ne prennent plus le temps d'écouter, car ils perdent le contact avec leurs malades et l'usage de leurs sens. En effet, si les yeux ou les oreilles ne sont plus utilisés en matière médicale, leur valeur d'analyse dans ce domaine disparaît. Prenons l'exemple de l'ouïe : autrefois les médecins, en collant leur oreille sur le dos du patient, découvraient certainement un faisceau d'arguments, qu'un médecin moderne ne pourra jamais obtenir dans les mêmes circonstances. Car tels les kangourous dont les pattes antérieures se sont atrophiées à force de ne se déplacer qu'à l'aide de leurs membres inférieurs l'oreille, faute d'usage, dégénère et l'ouïe s'amenuise.

Si l'on ne peut nier les progrès scientifiques de ces dernières décennies et la valeur de leur rapport dans l'évolution de la médecine, les médecins, eux, ne doivent pas oublier ces qualités essentielles que sont l'écoute, le regard, et la simple humanité.

Sinon les progrès de la science iront à l'encontre des progrès du cœur humain.

Toutes ces réflexions, je les tiens de ce grand maître à penser, mon Patron, dont les conseils ont profondément marqué mon existence de chirurgien. Auprès de lui, j'ai appris la signification du geste opératoire, la sacralisation du temps, l'amour de la Chirurgie.

Dans un champ opératoire, je m'épanouis totalement. La chair et le sang me fascinent. Une fascination qui provient de mon enfance lorsque je me précipitais dans le cabinet de mon père pour regarder les blessés récemment arrivés. Quand je voyais ce sang couleur rouge sombre marquer leurs vêtements ou jaillir de leur corps, je sentais ma propre vie battre plus intensément dans mes veines. Maintenant, je ne me contente plus d'assister médusée aux soins que prodiguent les autres, j'agis moi-même avec un bistouri et une pince.

Quelle émotion, quelle joie de pouvoir pénétrer l'enceinte vénérable du bloc opératoire! Il y a d'abord la période préparatoire. Tel un chevalier qu'on adoube, je dois respecter les règles de la chirurgie : dans un premier temps, mes bottes et mon calot, puis la stérilisation par le lavage des mains, des avant-bras, et par le costume immaculé qu'une personne vous aide à enfiler; enfin les gants en latex, fins comme une seconde main, qui vous permettent de toucher sans souillures le corps sacré du malade. Une fois toutes ces épreuves passées, reste l'acte héroïque à accomplir qui détermine à chaque intervention la valeur du chirurgien. Tous ces rites sont extrêmement précis. La moindre faille peut entraîner l'irréparable : la mort du malade et l'excommunication du coupable.

Je suis scrupuleusement les devoirs qui me sont impartis, puis ayant réalisé les conditions nécessaires, je pénètre dans le bloc, magistralement, en appuyant sur une pédale qui commande l'ouverture des portes. Ensuite les panseuses préparent le matériel et je place mes instruments en fonction d'un ordre précis. L'atmosphère est silencieuse. Le malade, endormi par l'anesthésiste, gît sur la table, complètement inconscient et totalement recouvert par mes soins de grands draps stérilisés, appelés champs opératoires. Seule la région intéressée laisse apparaître la peau, préalablement badigeonnée. Le temps passe, la lumière se centre sur mes mains, je suis tendue, puis j'incise. Pendant que l'intervention se poursuit, j'entreprends des conversations avec les infirmières, sur le repas qu'elles ont pris la veille..., sur n'importe quel sujet qui puisse nous détendre. Si des difficultés surgissent, le dialogue s'interrompt, seul l'intérêt du malade nous importe. La valeur d'un échange ne se compare pas avec la qualité d'une vie.

Mes réactions varient selon la difficulté de l'acte chirurgical; si un problème se pose, je n'oublie pas mon rôle, car je sais que dans cette profession il n'y a pas de souffleur! Telle une œuvre d'art, une intervention n'admet pas de ratage. Le geste doit être précis et parfait, car le moindre défaut technique peut avoir des conséquences tragiques : l'enjeu en chirurgie est trop important pour que ce soit un art comme tous les autres, sans contraintes apparentes, l'acteur n'a pas le droit de se tromper.

Avec l'expérience je me suis détendue, je m'adapte aux situations, même les plus complexes. Pendant cette période, j'ai vraiment pu jauger mon métier, en déduisant quelles sont les qualités qui différencient un bon chirurgien d'un autre; j'en conclus que l'essentiel dans cette profession est de mêler dans un équilibre parfait, la science, la technique et l'habileté manuelle. Etre chirurgien, c'est aussi acquérir le don de discuter un diagnostic à partir de données certaines ou incertaines, soit en palpant un ventre, soit en interprétant des examens complémentaires. Aucun diagnostic n'est sûr, tant que la lésion n'est pas mise à nu sous la lumière du scialytique. Cependant, même si les suppositions se révèlent exactes, un autre élément essentiel intervient : le don. Le don d'utiliser ses doigts, de pénétrer dans l'univers obscur des entrailles et de ne pas se perdre dans le dédale infini des organes et des muscles. Etre sûr de soi, ne pas trembler, ne pas douter de ses mains, pouvoir évoluer vers des techniques élaborées. Toutes ces données forment un tout qui compose l'image idéale d'un chirurgien digne de ce nom, qui doit pour réussir assumer trois missions à la fois spécifiques et complémentaires : les indications opératoires, l'acte chirurgical intrinsèque et les suites opératoires.

Pendant tout mon internat, je suis pleine d'enthousiasme et de naïveté. Mon action sert la cause humanitaire! Je me bats jusqu'au bout en toute innocence, certaine d'apporter à tous ceux qui souffrent le message de la guérison.

Interne aux soins intensifs de chirurgie, je mène mon combat jusqu'à la fin. En regardant les examens de sang d'une malade moribonde, je professe : « Cette femme manque de calcium, il faut modifier sa perfusion. » La religieuse qui tient ce service et connaît très bien son métier essaie de me raisonner : « Voyons, qu'est-ce que ça va changer en lui mettant deux ampoules de calcium en plus? » J'insiste et, quand la malade meurt, la sœur se moque de moi gentiment : « Alors, madame Le Grand, vous êtes contente puisqu'elle est morte avec un bon bilan. »

Ce qui signifiait qu'elle s'était éteinte avec un bon équilibre de sodium, de potassium, de calcium, de globules rouges et de globules blancs. Effectivement avec l'expérience, je me suis aperçue qu'il n'était pas très important de mourir avec un bon bilan!

Ma première année d'internat se termina, puis il en vint une autre toute semblable. Mon horizon professionnel s'ouvrait devant moi, pendant que ma vie maritale se fermait à tout jamais. En août, le divorce fut prononcé. Je quittai ma maison de F... Maman abandonna son appartement de Rouen et mon fils le lycée.

L'abandon de ma maison de F... est un souvenir pénible qui me meurtrit encore malgré les dix-sept années qui me séparent aujourd'hui de ce triste événement. Le déménagement n'eut pas lieu immédiatement après le jugement de notre divorce, et j'eus un ultime sursaut de peur en voulant tout remettre en cause.

Nous sommes en septembre, et je ne peux admettre la réalité qui m'attend. Comment puis-je quitter ainsi, mon mari, ma maison, les domestiques de toujours? C'est trop dur, pourquoi ne pas tout recommencer? Emportée par mon imagination, je supplie Pierre de ne rien changer à notre vie : « Ecoute, Pierre, je suis prête à tout remettre en cause. Autorise-moi à finir mes études, puisque je vais entrer en cinquième année, ce serait bête de s'arrêter là. Je veux bien terminer ma médecine et ne pas exercer. » Pierre refuse, avec raison d'ailleurs; j'ai appris depuis qu'un couple désuni ne peut jamais se retrouver.

La passation d'appartement a lieu en octobre. Il ne me reste plus qu'à transporter mes souvenirs de F... à Paris. Pierre très généreux m'a dit : « Choisis tout ce que tu veux. » Mais j'aime tout! je suis attachée à tous ces meubles, ces tableaux, ces objets qui ont accompagné ma vie pendant dix-sept ans. Alors j'ai choisi avec honnêteté, dans les cadeaux de mariage, laissant tout ce qui venait de lui, reprenant tout ce qui était à moi. Sordide partage pour une vie commune aussi longue! Quand il s'agissait de certaines choses que nous avions achetées ensemble, je demandais à Pierre son avis : « Ça t'ennuie si j'emmène ça? – Non, non, rien ne m'ennuie, prends ce que tu veux. »

Hélas! la maison était trop grande pour que je puisse emporter ces meubles qui me plaisent tant, mais qui ne trouvent pas de place dans mon petit trois pièces parisien. D'ailleurs tous ces objets perdraient leur valeur sentimentale si je les arrachais à leur cadre d'origine. Décidément, je n'appartenais plus à cet univers, il était temps que je renouvelle mon destin.

Encore un dernier tour de piste avant d'abandonner pour toujours mes habitudes d'antan. Madeleine, qui s'était occupée de la maison pendant toutes mes absences me suivait en pleurant. Des mots n'étaient pas nécessaires. Nous éprouvions la même tristesse, la même angoisse en longeant ces pièces silencieuses qui ne résonnaient plus de nos rires d'autrefois. Quand je voyais un médaillon, une statuette fragile, je ne me résignais pas à les laisser dans leur solitude et les serrais contre moi, comme pour les protéger des regards indiscrets. Mes larmes coulaient maintenant sans retenue, je n'avais plus d'orgueil à défendre. J'allais laisser mes chiens, mes chats, mes oiseaux, tous ces animaux qui avaient égayé mes solitudes de jeune mariée.

Mon petit cocker, avec ses yeux si doux qui me fixaient sans comprendre, et ma volière... Elle était si belle cette volière avec les dizaines d'oiseaux multicolores qui gazouillaient, s'échappaient de perchoir en perchoir dans un bruissement d'ailes aussi tendres que des caresses. C'était ma création! Je les avais moi-même dressés et ma voix leur était familière. Les grands jours de nettoyage, quand la volière devait refaire toilette, mes pensionnaires s'envolaient dans les pièces environnantes attendant patiemment le retour au nid. Puis, d'un claquement de mains, je les rappelais à l'ordre et ils réintégraient leur abri dans une joyeuse cacophonie. Que deviendraient-ils sans moi? Qui s'en occuperait avec autant d'amour? Je les regardais s'ébattre pour la dernière fois, n'arrivant pas à me détacher de ce spectacle fascinant. Et j'ai abandonné mes oiseaux, mes animaux, ma maison, mes souvenirs figés dans ce monde familier qui m'a entourée, préservée et aidée à devenir la femme que je suis aujourd'hui.

Mon cœur me fait mal et je retiens les sanglots qui s'élèvent de mon désespoir. « Cette fois, Madeleine, c'est fini, c'est vraiment fini. » Attrapant mes quelques affaires, ma petite chienne et ma douleur, je pars, brisant les ultimes liens qui me retiennent à mon ancien amour.

La voiture file sur la vieille route de F..., je ne reconnais plus ce chemin que j'ai parcouru si souvent. Il n'est plus le même. J'ai changé et les larmes altèrent ma vision du passé.

Et je pleure, je pleure... je n'arrive plus à conduire. Je ne veux pas y croire. Ce n'est qu'un mauvais rêve, je reviendrai. Ce n'est pas possible, tant d'années englouties dans un adieu définitif. Pourtant cette réalité, je l'ai voulue et dois l'assumer. Combien de luttes, de souffrances et de sacrifices ai-je dû subir pour atteindre cet instant? Des études astreignantes, un mari qui ne m'apportait plus aucune tendresse, un fils qui s'était révolté contre une mère trop aimante. J'avais tout enduré, tout accepté pour obtenir ma liberté. Maintenant, je suis libre, indépendante, responsable, et je souffre de perdre ce que j'ai tant souhaité détruire.

Ne vivant plus dans un luxe permanent assuré par un mari généreux, je dois compter sur mes propres forces. Au début, j'ai vraiment souffert du manque d'argent. En tant qu'interne, je percevais un maigre salaire, et le capital qui m'avait été accordé pour toutes ces années « de bons et loyaux services » s'était amenuisé rapidement, car j'avais gardé mes goûts d'autrefois sans aucune notion de l'économie. Par la suite, j'ai pris conscience de ma nouvelle réalité. Je n'avais plus les moyens de tenir le train de vie auquel j'étais habituée depuis plus de vingt ans. Cette prise de contact avec les difficultés de la vie fut une expérience très dure à assumer. Mariée à l'âge de dix-huit ans, dépendante d'un mari très riche qui me retenait dans une existence confinée et ultraprotégée, entourée de domestiques et d'un chauffeur, j'avais acquis des réflexes de femme riche, dont je n'arrivais pas à me libérer.

Quand j'eus mon appartement à Paris, j'exultai. Enfin libre, enfin seule! Mais une fois que tout fut aménagé, les premiers enthousiasmes passés, je me suis aperçue du prix de mon indépendance. Faire la queue chez l'épicier, préparer son repas soi-même, s'occuper d'une voiture : autant de petits problèmes quotidiens dont j'avais oublié l'existence. Mon adaptation fut lente. J'étais très fière de ma liberté toute neuve, mais très vite j'en ai savouré l'amertume.

Car la solitude est souvent la suite logique d'une liberté non surveillée. J'étais maître de mon destin et me sentais horriblement seule. Pendant des années, je m'étais donnée à fond dans mes études et ne ressentais pas ce qui se passait autour de moi. Or mon fils avait grandi. Il n'avait plus besoin de moi. Ma mère avait vieilli et sa présence ne me rassurait plus. Mon divorce m'avait libérée mais en même temps m'avait séparée de mes amis. Mes illusions s'effondraient sur les marches de ma solitude.

J'étais déçue par ma famille, par ceux que je considérais mes amis. Il y a vingt-cinq ans, en province, une femme divorcée était très mal considérée, notamment dans une vieille société bourgeoise comme celle de R... Mes anciens amis ne me recevaient plus, ma belle-famille me rejetait... Tous se tournaient vers mon mari, seul détenteur du pouvoir et de l'argent. Trahie, humiliée, je n'ai plus voulu considérer R... comme ma ville d'adoption, et j'ai transposé ma vie à Paris. Dans les grandes villes les idées sont plus larges et l'anonymat vous préserve des médisances.

Car j'ai été calomniée à F... et à R... Dès le début, quand j'ai repris mes études tout le monde disait : « Elle va à R... pour s'amuser... », puis quand j'ai réussi mes examens et que mon projet est devenu sérieux, on a continué à me critiquer, envie peut-être, méchanceté sans doute... Je n'ai jamais répondu à ces attaques perfides. Pourtant ce n'était pas facile, mais je savais que les meilleures réponses à la calomnie sont l'indifférence et le temps.

J'étais sûre qu'un jour ma vérité éclaterait et me justifierait aux yeux des autres. « Se laisser calomnier est une force de l'honnête homme », disait Victor Hugo. Je m'étais construit une carapace contre la médisance, afin de ne pas me laisser détruire et pour éviter de lutter à mon tour. Utiliser la calomnie contre la calomnie est un combat trop destructeur pour être utile. Ma défense, je l'ai puisée dans mon authenticité, et dans cet autre côté de ma vie, qui s'est épanoui, loin des larmes et des combats, dans l'amitié et l'amour.

Cependant, comme mon caractère me porte moins vers la mélancolie que vers l'action, j'oubliais très vite mes déceptions pour ne considérer que le côté positif de ma nouvelle vie, en me concentrant plus que jamais sur mon avenir. Mes études m'avaient apporté un équilibre qui m'avait manqué dès les premières années de mon mariage. Dans le milieu étudiant, je vivais dans un tourbillon de jeunesse, de connaissances et de découvertes; j'avais des copains et un métier. En un mot j'existais. Je redevenais moi-même, et retrouvais cette belle image de la vie que j'avais perdue depuis si longtemps, ensevelie sous vingt années d'amertume et de désillusions.

J'avais concrétisé mon rêve d'enfance en passant l'internat, mais je n'avais pas accompli intégralement le *cursus honorum* qui me permettrait de devenir un chirurgien à part entière. Il me restait encore à faire deux années d'internat. Elles passèrent sans que je m'en aperçoive et firent de moi un chef... (de clinique). Puis vinrent des années de spécialisation, mur porteur de ma future carrière.

J'avais un choix à faire, difficile mais fondamental pour l'évolution de mon métier. Comment m'orienter? J'hésitais, mais le destin une fois de plus trancha pour moi, en me forçant à m'aventurer dans un domaine au sein duquel je n'aurais jamais imaginé m'introduire, mais où je fis cependant la plus fascinante des découvertes.

LA GUERRE DU CANCER

OSERAIS-JE prétendre que, dans cette expérience la plus passionnante de ma vie de jeune chirurgien, j'ai reçu de très belles leçons d'espoir? Pourquoi écrire dans le carnet du jour ces mots mystérieux : « Décédé à la suite d'une longue et douloureuse maladie. » Pourquoi cette peur des mots et pourquoi ne pas parler de cancer? Bien sûr, le cancer je l'ai rencontré, je le connais. J'ai partagé sa vie pendant huit ans.

Rien ne me prédisposait à ce style de chirurgie. En réalité, à la fin de mon clinicat, j'avais l'intention de pratiquer la chirurgie de la main. La main c'est tout un symbole : habileté, force, douceur et création. Sans les mains, on ne fait rien.

N'étant pas bâtie pour me spécialiser dans une chirurgie lourde, qui nécessite une préparation très longue et beaucoup d'endurance, je me préparai donc à choisir une chirurgie fine et belle. La main me paraissait une spécialité idéale : délicate, composée de petits tendons, de vaisseaux et de muscles fragiles, elle réclamait de la dextérité et un sens aigu de la précision, qualités qui correspondaient parfaitement à mon idéal. D'autre part, le côté magique, presque mystérieux, de cette chirurgie me fascinait. Malheureusement, pour des raisons pratiques, je devais abandonner mes projets.

En effet, cette spécialité s'exerce surtout en milieu hospitalier où l'agrégation est nécessaire. Or l'agrégation est souvent incertaine. Pour l'obtenir, il faut publier des travaux et faire des recherches. Un travail de titan, dont la récompense n'est jamais assurée. De plus, dans toute nomination sur titre, outre le labeur acharné, s'ajoute également une part de chance et de « piston ». Le temps et l'argent me manquaient pour me lancer dans une aventure aussi aléatoire.

Dès l'instant où mon divorce fut prononcé, opter pour la chirurgie de la main m'orientait dans une mauvaise direction. Désormais seule à subvenir à mes besoins ainsi qu'à ceux de ma mère et partiellement à ceux de mon fils, je n'avais plus les moyens d'entreprendre des études longues et hasardeuses; par ailleurs, j'avais commencé ma médecine avec dix ans de retard, j'atteignais la quarantaine, il était temps que je pratique. Enfin, devenir un spécialiste de la main en province était absurde. Trop moderne et trop confinée dans un domaine précis, cette forme de chirurgie ne se développait pas encore dans les hôpitaux provinciaux. Il n'y avait donc pas de poste à pourvoir.

Quant à la médecine libérale, elle était considérée comme un domaine purement masculin. Je débutais à une époque où les mouvements de libération de la femme ne s'étaient pas encore répandus dans toutes les catégories socioprofessionnelles. En province, on acceptait très mal cette évolution qui remettait en cause les traditions bourgeoises, et une femme chirurgien qui s'installait était condamnée à végéter faute de clientèle. Quel serait alors le sort d'une femme qui établirait son cabinet en se cantonnant à une chirurgie particulière? Cette démarche représentait un véritable suicide professionnel. J'évitai donc de forcer ma chance et j'abandonnai une idée qui pourtant me passionnait.

Choisir par élimination n'est pas une solution facile. On me conseille de devenir anesthésiste, c'est plus féminin! Mais quelle torture morale pour une personne qui rêve d'opérer, que de se limiter à assister les interventions d'un confrère! Une attitude passive ne me convient pas. Ma position est très anarchique. Refuser de plier, et réclamer à grands cris une qualification de chirurgien, quand on fait partie du sexe faible, quelle audace! Malgré tous ces obstacles, je persiste dans mon projet.

Étant suffisamment réaliste pour ne pas dépasser mes limites, je dirige mes recherches vers d'autres spécialités chirurgicales, considérées comme féminines. Elles sont peu nombreuses : l'oto-rhino-laryngologie, l'ophtalmologie, la chirurgie maxillo-faciale, la stomatologie et la gynécologie-obstétrique. Je penche pour l'oto-rhino-laryngologie, car un poste se libère à R... Cette décision est influencée par la possibilité qui me serait donnée par la suite d'évoluer vers la maxillo-faciale et la réparatrice. Cependant, après avoir assumé la fonciton d'oto-rhino-laryngologiste pendant deux ans, je me détacherai de mon programme initial, pour me projeter dans la stomatologie. Forte de ma nomination d'oto-rhino, je suis dispensée d'un an de cours pour atteindre cette nouvelle spécialisation. Il me reste un an d'études au lieu de deux.

Sûre de mon choix, je vais à Paris, afin de prendre contact avec le titulaire de la chaire qui me concerne. « Vous serez exemptée d'un an, me dit-il, mais il faut poursuivre ensuite une année d'études très fastidieuses, pour lesquelles vous n'obtiendrez aucune exemption de cours. »

Reprendre une vie d'étudiante à quarante-deux ans, c'est au-dessus de mes forces! De toute façon, il m'est impossible de ne plus travailler, puisque j'ai charge d'âmes. Une nouvelle désillusion qui trouve toutefois sa consolation dans une remarque d'un professeur qui cherche à me réconforter : « A la suite de ces deux ans, il n'est pas évident que vous décrochiez une chaire à R... Peut-être serez-vous parachutée dans une ville qui vous sera étrangère, or une fois nommée, vous ne pourrez plus changer! » Comment prendre le risque à mon âge, en tant que femme seule, de me fixer pour toujours dans un lieu où je ne connaîtrai personne! Recommencer ma vie, alors que je sors à peine d'un divorce qui a bouleversé mes habitudes et mes amitiés. Me remettre en cause, quand enfin je rétablis un équilibre précaire entre un réseau d'affections récentes et un travail passionnant; c'est trop lourd pour mes épaules encore mal assurées.

Me voici de retour à mon point de départ. Que faire, que choisir? Ce tournant de ma vie m'apparaît trop compliqué. Je me sens complètement perdue. C'est alors que le « hasard » entre en scène. Toujours présent aux instants difficiles de mon existence, il chasse mes hésitations et force mes décisions; cette fois, il joue le rôle principal. Il se présente en la personne du professeur J..., mon ancien patron de Faculté, un homme exceptionnel qui a exercé une grande influence sur le déroulement de mes études : « Monique, un poste de chef de service vient de se créer dans le Centre anticancéreux dont la construction se termine : pourquoi ne pas tenter votre chance? » Une opportunité extraordinaire pour une ville de province. J'ai quinze jours pour réfléchir, mais une nuit suffit pour « porter conseil ». Le lendemain, je me détermine, sachant qu'une telle chance ne se renouvellerait pas. J'accepte avec bonheur la voie que le destin me trace. Je confirme mon offre le 15 juin, début septembre, le Centre ouvre ses portes.

C'est un immeuble moderne, tout neuf, récemment bâti dans l'enceinte du Centre hospitalier universitaire. On entre par un grand portail qui s'ouvre sur une belle esplanade. Des embryons de verdure égaient la cour qui nous conduit aux portes du bâtiment. La réception est décorée d'un panneau artistique de style surréaliste, qui donne à l'ensemble une allure raffinée. Un ascenseur relie les services entre eux. Aucune plaque n'indique le nom des chefs de service et l'étage où ils se trouvent. Pour rencontrer son praticien, le nouveau venu doit se renseigner auprès des hôtesses, qui l'orientent alors vers le service correspondant à ses nécessités. Cette formule dépersonnalise un peu les médecins, et nous empêche de nous prendre trop au sérieux. Ensuite, afin d'humaniser l'environnement des malades, les chambres ne sont plus numérotées, mais portent des noms d'artistes : Degas, Renoir, Pissarro... qui se suivent par ordre alphabétique et qui impriment une note romantique à un décor souvent austère.

Le directeur du Centre, titulaire de la chaire d'anatomie-pathologie de R..., est également un de mes anciens professeurs de Faculté, dont le soutien moral, lors de mon passage en troisième année, a été décisif. Homme de cœur et d'esprit, il voulait faire du Centre une communauté dynamique, où malades et médecins s'épauleraient pour vaincre l'angoisse et la déception.

Le jour de l'inauguration, il réunit tout le personnel médical et expose ses souhaits sur l'avenir du Centre. « N'oubliez pas que la maladie est le but et l'objet de notre profession. Notre mission est d'aider des gens qui se croient condamnés, à lutter pour la vie. Et dans ce combat permanent contre le mal, nous devons rester soudés, pour que notre foi dans la guérison rejaillisse sur les malades et fasse de notre Centre un univers d'espoir. » Idéaliste et généreux, il désire ardemment former une équipe fraternelle, dont les intérêts se confondent pour le bien des malades.

Hélas! la nature humaine est trop complexe pour s'accommoder d'un idéal. Très vite les personnalités se révèlent et s'affrontent dans des corps à corps orageux. Heureusement ces tensions n'atteignent pas les malades qui demeurent, malgré nos combats de coq, le but essentiel de notre action. Je dois moi-même m'opposer à l'un de mes confrères, qui me rendait la vie odieuse. Au début, comme les travaux du quatrième étage qui m'est destiné ne sont pas terminés, je partage le service de chirurgie générale avec un homme que je trouve misogyne. L'idée qu'une femme puisse opérer lui est insupportable. Afin de me gêner dans mon programme, si je réserve le bloc à une heure donnée, la place est déjà prise par un de ses malades! Cette période conflictuelle dure six mois, jusqu'au moment où, lasse de me battre contre l'adversité, je me réfugie auprès du directeur en lui exprimant mon désir de quitter le Centre : « Je me donne beaucoup de mal et je ne suis pas libre; j'ai terminé mon clinicat et je gagne peu. Si je n'ai pas mon service prochainement je pars. » La menace est rude, mais ma révolte saine.

Le directeur, étonné par mon emportement, m'affirme qu'à partir de ce jour je dois me considérer comme chef de service en attendant ma nomination officielle, qui serait transmise par arrêté ministériel. Deux mois plus tard, je reçois du ministère de la Santé mes papiers officiels, ainsi que les émoluments en rapport avec mon titre. J'ai gagné! Ma vie s'est toujours améliorée à coups de boutoir et de pleurs.

Désormais le quatrième étage fonctionnera sous ma responsabilité. Les lits se remplissent peu à peu et l'équipe se forme. Composée d'internes, d'externes, de diététiciennes, d'infirmières, d'aides-soignantes et d'agents hospitaliers, tout est mis en place pour un départ solide. Les malades deviennent notre seul univers, tout au long de ces journées consacrées à les soigner. Souvent gravement atteints, ils présentent des cancers variés, dont on connaît mal les contours, mais dont on imagine une issue autre que la mort.

C'est ma première situation. Mes premières grosses responsabilités. Autrefois parrainée par un patron, j'ai désormais la direction d'un service. Suis-je capable d'assumer la tâche qui m'incombe? Angoissée comme tout individu qui entre dans de nouvelles fonctions, je dors mal et ne trouve pas ma place dans ce monde inconnu.

Affolée comme un oiseau mis en cage, je cherche désespérément un perchoir. Sans bureau, sans endroit pour ranger mes affaires, je me fatigue beaucoup intellectuellement et physiquement. Soucieuse pour chaque chose, je provoque autour de moi une agitation superflue. Mes gestes sont précipités, mon esprit tendu, je veux tout réaliser parfaitement, mais j'ai une excuse : c'est ma première situation ! Progressivement, je m'adapte à mon travail. Le puzzle de mes habitudes se reconstitue dans un milieu différent satisfaisant pour tous : les malades, l'équipe et moi...

Peu à peu, je visualise la physionomie du Centre. Les cinq étages qui couvrent chacun une activité bien définie. Le rez-de-chaussée qui comporte les consultations et les soins externes. Le sous-sol regroupe toute la radiothérapie, avec les grosses machines telles que le bétatron, le cobalt, le radiodiagnostic et le radiotraitement. Ensuite quatre étages d'hospitalisation : le premier de chirurgie générale, le second de chimiothérapie, le troisième d'hématologie et enfin le quatrième, le service de chirurgie cervico-faciale et d'oto-rhino-laryngologie que je contrôle. Un Centre anticancéreux complet, avec deux blocs opératoires, des chambres confortables et des salons de détente pour les malades.

Dans mon service, les chambres se divisent en deux groupes : les chambres particulières et les autres qui offrent plusieurs lits où l'on réunit des gens du même sexe. Mes lits sont en grande majorité occupés par des hommes. Rien d'étonnant à cela : je soigne la sphère des voies aéro-digestives supérieures, et donc des patients qui souffrent de cancers de la cavité buccale, de la gorge, du larynx, du pharynx, du nez, de la face, de l'oreille et du cou. Des cancers qui s'attaquent surtout à des fumeurs et des buveurs, qui se retrouvent plutôt chez les hommes que chez les femmes; mes malades sont pour la plupart des alcoolo-tabagiques.

Le temps passe et mon ardeur au travail s'anime chaque jour d'avantage. Cette vie hospitalière intense et généreuse m'épanouit complètement. Je suis un chef de service heureux pendant huit ans.

Huit ans d'harmonie entre toutes les équipes... jeunes étudiants ou médecins confirmés, infirmières ou aides-soignantes, chacun a sa place dans le service et tous se dévouent au chevet des malades. Liés par le même idéal, nous nous stimulons mutuellement, et cet enthousiasme quotidien crée une atmosphère joyeuse qui influence avantageusement le comportement de nos patients.

Une équipe soudée ressemble à une machine bien huilée dont l'ensemble des rouages s'insère parfaitement pour un fonctionnement sans heurt. Un rouage crisse : la machine vacille puis s'arrête. Aucun crissement, aucune méchanceté ne ternit les rapports que nous avons entre nous. Chacun respecte les qualités de l'autre, le domaine qui lui est imparti et la valeur de ses initiatives. Chaque action représente une marche supplémentaire qui nous guide vers la guérison.

Les diététiciennes jouent un rôle très important dans mon service. Comme j'opère beaucoup de la gorge et de la bouche, de nombreux malades sont nourris par sonde. Déterminer le régime à appliquer à chaque cas, établir un équilibre entre calories et vitamines, puis quand le patient se renutrit lui-même, offrir des aliments fortifiants, semi-liquides et au goût agréable, toutes ces tâches reviennent à la diététicienne qui applique ses techniques avec conscience.

Un travail de collaboration exceptionnel m'unit également aux internes et aux vacataires. Débordée de travail entre quelques cours à l'université et mon appartenance à l'hôpital, je confie aux internes auxquels j'apprends à opérer certaines interventions qui n'offrent pas de difficultés majeures. Je leur donne des ablations de glandes salivaires, en particulier des sous-maxillaires, et si l'un d'eux me semble très expérimenté, je lui confie des parotides, bien que ce soit plus délicat et plus dangereux. Les internes changent tous les six mois, cependant, chaque fois s'établit un rapport de confiance, car je veux qu'ils exercent avec le maximum d'initiative.

Quand l'intervention s'avère trop grave, et si mon programme est complet, je fais appel à des médecins de l'extérieur, pour qu'ils m'accordent quelques vacations par semaine. Au départ, ils viennent de Paris pour m'instruire des dernières techniques cancérologiques; mais, quand je me suis améliorée, les médecins de R... les remplacent. Nous nous entendons très bien et formons une équipe efficace, dans laquelle les liens professionnels se sont vite transformés en liens d'amitié.

Personnellement, j'estime que l'esprit de groupe est inhérent à la fonction médicale. Comment imaginer qu'un patron puisse accomplir sa mission efficacement s'il n'est pas suivi par ses collaborateurs? Comment un chirurgien peut-il opérer s'il n'a pas des panseuses, des infirmières, des internes à ses côtés? La vie hospitalière représente une communauté à laquelle aucun médecin ne peut échapper. C'est la conclusion que je tire de mon expérience médicale. Avec les années, une autre notion est apparue, d'ailleurs complémentaire de la première, et qui est la notion du chef. Au fur et à mesure que l'on monte dans la hiérarchie, le chef se précise, mais il ne doit pas se leurrer sur son pouvoir : l'autorité d'un chef dépend du respect de ses troupes. L'accord des troupes et la valeur du chef se confondent dans un objectif commun, qui ne peut se réaliser qu'avec l'apport de chacun.

Dans mon service, je suis seul maître à bord, avec pour unique référence le directeur de mon unité hospitalière. Pourtant l'ambiance qui règne au quatrième étage, loin d'être martiale, s'imprègne de simplicité familiale. Aucun rapport de force ou de peur, au contraire une communication permanente entre les membres du groupe. Je leur demande leur avis, j'expose mon point de vue et accepte volontiers leurs critiques. Souvent quand on arrive à un certain niveau de l'échelle sociale, on considère que les gens n'ont plus à faire de critiques. Erreur tragique, car celui qui refuse le jugement d'autrui se condamne lui-même à l'isolement puis à l'échec. Une position se mérite toujours. Or qui peut apprécier ce mérite? Le chef hiérarchique supérieur qui est trop occupé ou mal informé, ou ceux qui sont sous nos ordres, qui n'osent s'exprimer par peur d'être renvoyés? L'absence de critiques tue le changement. Les observations émises par la base ou par le directeur enrichissent l'expérience d'un homme, l'aident à s'améliorer, et par là même lui facilitent sa tâche. Les propositions de la base me semblent essentielles, car elle détient l'information la plus complète sur notre activité.

Que cherche-t-on dans la vie? Rester un personnage statique ou évoluer en se posant des questions sur sa réalité? « Je suis chef de service, c'est bien, mais suis-je un bon chef de service? Mon action est-elle profitable à mes malades? » Pour connaître les réponses, il faut toujours interroger l'entourage immédiat. Admettre l'opinion d'autrui n'est pas une faiblesse, mais au contraire un acte de courage et d'humilité, qui maintient le dialogue entre les hommes et contribue ainsi à une meilleure compréhension du monde.

Mon approche n'est, me semble-t-il, pas révolutionnaire, mais simplement humaine. C'est un héritage de mes maîtres à penser que j'applique autour de moi et qui m'a permis de soutenir la cohésion de mon équipe pendant toutes mes années de cancérologie.

Au bout d'un an la réputation du Centre s'est considérablement étendue et draine des malades de régions éloignées. Toute la province entre Villejuif et Lille consulte chez nous. Nous tenons également des consultations avancées, en parcourant les localités avoisinantes pour procéder à des dépistages.

Nous travaillons en symbiose avec les hôpitaux régionaux. Quand nos malades ne nécessitent plus de soins intensifs, ils sont répartis dans d'autres maisons pour parfaire leur guérison. On les envoie au H... ou ailleurs, pour libérer des lits, et pour faciliter le contact du malade avec sa famille en le rapprochant de son lieu d'origine. En surveillance, on les place sur un rayon de cent kilomètres, dans des maisons de repos où ils se rétablissent en dehors de toute ambiance hospitalière, avant leur retour vers une vie plus active.

Comme tout centre hospitalier, nous avons des problèmes de lits, pratiquement insolubles. Mon service tourne beaucoup, j'ai des listes d'attente dont je dois tenir compte, mais j'essaie aussi de respecter le bien-être de mes malades en leur évitant d'être bousculés. Parfois, le cas devient trop critique; quand les urgences arrivent, je dois absolument me débrouiller pour faire des sortants, car par définition une urgence n'attend pas. Les soins sont alors immédiats. Certains s'étouffent ou saignent, il faut enrayer les hémorragies ou procéder à des trachéotomies. Quand le larynx ou le pharynx sont envahis de telle façon que l'air ne rentre plus, l'action primordiale est d'empêcher l'asphyxie. Très rapidement on effectue un examen pour vérifier s'il ne reste pas une petite filière laryngée, et l'on met le malade sous dose intensive de corticoïdes, afin de diminuer l'inflammation périphérique à la lésion. Si le traitement ne suffit pas, nous procédons alors à une trachéotomie.

Parfois, la détresse respiratoire est telle qu'il m'arrive d'intervenir directement dans l'ambulance. Attrapant ma boîte, je monte dans le véhicule, et très acrobatiquement j'effectue un trou à la base du cou. Un doigt le long du bistouri, spontanément, sans anesthésie locale. Chez quelqu'un en état de mort apparente les précautions sont inutiles, seule la rapidité peut sauver. Et dès l'instant où par une petite incision l'air s'infiltre, le cœur se réanime aidé par un massage cardiaque, et l'irréparable est évité. Momentanément peut-être.

Ces actes sont très spectaculaires et encourageants. Cependant, l'exaltation retombe vite. Effectivement on a chassé la mort pour redonner la vie, mais pour combien de temps? Doit-on réanimer quelqu'un dont on présume qu'il mourra six mois plus tard, dans d'atroces douleurs? Ce dilemme est inhérent à notre profession, et il n'existe pas de réponse absolue, mais ce qui est certain c'est qu'il faut toujours sauver. Cette vérité de l'instant détruit toute hésitation théorique. En cas d'urgence on ne pense pas, on agit.

Quand un gros vaisseau claque, point n'est besoin de se demander s'il faut le lier ou le laisser saigner. L'intervention doit être immédiate sinon le malade se vide de son sang en quelques minutes. Il m'est arrivé de lier des artères cervicales avec pour seule aide la secrétaire, n'ayant personne d'autre à proximité. Elle appuyait sur l'artère pendant que je descendais le malade au bloc opératoire. Pas le temps de respecter le rituel, on se lave les mains très rapidement, une locale en vitesse : ce qui compte c'est de retenir une vie qui s'échappe.

Quand on pressent la rupture d'un vaisseau de gros calibre, on esquive l'éclatement par une ligature de prévention. Malheureusement, celles-ci ne sont pas toujours possibles, car elles peuvent entraîner des réactions qui seraient fatales pour le malade. Dans ce cas, afin d'éviter que d'autres personnes, elles-mêmes atteintes, ne soient témoins d'un tel drame, on isole le patient, on l'éloigne de toute agitation dans le double but de le mettre au calme et de le soustraire aux regards indiscrets. Ce geste ne rejette pas la victime du groupe, c'est un simple moyen de rendre sa vie plus confortable.

Entre les surveillantes, les infirmières et moi, il existe une sorte d'entente tacite qui veut que la mort soit toujours cachée pour le bien des survivants.

Car la guérison s'effectue à deux niveaux : celui du corps et celui de l'esprit. Si le premier est touché dans sa vitalité, c'est au second de le soutenir et de lui rendre des forces qui se dérobent. Un homme diminué physiquement n'améliorera pas son état s'il ne croit dans son rétablissement. Aucune connaissance scientifique, aucun acte médical, ne peut guérir un être qui a décidé d'abandonner le combat. La guérison est une lutte de chaque instant du corps et de l'esprit contre le mal. Si la volonté s'étiole, si la foi s'amenuise, dans ce cas la guerre est finie, la chair est rongée par le mal : il n'y a plus d'espoir.

Une année et demie s'est écoulée depuis l'inauguration du Centre; profitant de la « galette des rois » le directeur nous réunit pour nous présenter ses vœux, faire le bilan de nos activités passées, et pour exprimer ses projets futurs.

En premier, il offre ses souhaits de bonheur pour chaque membre du personnel et sa famille, puis nous félicite pour le travail accompli. Il décrit les progrès réalisés par le Centre, tant dans le domaine de sa notoriété que dans ses capacités techniques. « Cependant, nous ne devons pas nous satisfaire de ces succès, mais au contraire continuer à améliorer notre action, en développant la réputation du Centre auprès du public et des médecins. Nous devons accroître notre potentiel technique, et enfin améliorer la qualité de nos prestations pour adoucir l'environnement psychologique du malade et le soulager de ses angoisses et de ses souffrances. »

Idéaliste et sensible, il estime que l'unique préoccupation d'un médecin réside dans le bien-être de ceux qu'il soigne. Il est heurté par la désinvolture de certains à l'égard de leurs malades, et par leur impatience face aux petits problèmes matériels, ajoutant : « Vous revendiquez trop, l'administration a des lenteurs qu'il faut accepter. »

Si le bilan est globalement positif, les petits nuages viennent du manque de compréhension des médecins. Comme des enfants gâtés, nous voulons notre matériel immédiatement, sans délai! Tout le monde se plaint auprès du directeur. En dehors des grandes réunions annuelles, il nous regroupe tous les mardis dans son bureau. Mais le résultat est souvent négatif et se traduit par un chapelet de complaintes égoïstes : « Moi je n'ai pas eu ça... Je dois faire ma consultation avec magnétophone, je veux une secrétaire... » Chacun défend son point de vue, et tous se battent pour quelque chose : pour leurs malades, ce qui est beau, pour leur confort personnel, ce qui est moins honorable. Tout médecin aime jouer au mandarin, avec « son » cabinet de consultation, « sa » secrétaire, « ses » dossiers, « son » téléphone, et surtout « ses » malades. La réussite s'entoure de symboles matériels pour s'affirmer dans le regard des autres.

Quand la période d'adaptation est terminée, quand chaque individu trouve enfin la place qui lui convient, le microcosme se révèle alors dans toute sa complexité, avec ses haines, ses passions, ses actes altruistes et ses petites mesquineries quotidiennes.

Mon service n'échappe pas à ces difficultés qui sont inhérentes à la nature humaine, mais elles n'ébranlent jamais l'unité de l'équipe. Quelques ombres parfois obscurcissent nos rapports, mais nous nous efforçons tous de les atténuer, pour maintenir une joie de vivre, indispensable au bonheur des malades. Ainsi, le matin, dès que j'arrive, je rencontre la surveillante qui me fait part des problèmes de la veille. « Madame, un petit problème... »

Il y a toujours des problèmes, c'est systématique : problèmes de malades, d'administration, de personnel. Nous tentons de les résoudre ensemble. Si je manque de temps, je propose alors une solution rapide. Si elle ne convient pas, nous en reparlons le lendemain. « Madame, un petit problème! » Une fois le compte rendu achevé, quand toutes les situations sont évoquées, je me change, soit pour opérer, soit pour consulter.

Les consultations ont lieu une fois par semaine, au rez-de-chaussée. Pour égayer la salle dans laquelle je reçois mes patients, j'ai obtenu l'autorisation de coller sur un pan de mur un vaste panneau représentant une forêt au printemps. Comme le cadre de vie influence le caractère des gens, la gaieté de cette affiche rayonne dans la pièce, et réconforte le moral de mes visiteurs.

Quant aux opérations, elles ont lieu tôt le matin. Aidée d'un interne, d'un externe, des penseuses et des infirmières, je procède à des interventions qui durent parfois six heures. Debout – la position assise m'empêche de travailler – je ne ressens pas la fatigue, trop heureuse d'être dans un univers où je m'épanouis pleinement. Dans mes périodes de dépression, le seul refuge que je trouve à mes angoisses est le bloc opératoire, lorsque je tiens mes instruments dans la main. Quel souvenir exaltant que ce premier curage ganglionnaire, quand je dois jouer autour de la carotide, artère vitale pour l'individu, avec des pinces et des instruments tranchants. Quel émoi! La moindre erreur, la moindre imprécision peut entraîner la mort. L'importance du geste est capitale, la maîtrise de soi essentielle.

J'ai toujours réussi à rester lucide, même dans des cas graves, ce qui est étonnant : dans la vie de tous les jours, je m'affole pour un rien!

Dès mon arrivée au Centre, lors de ma première intervention, j'ai pris conscience des responsabilités qui m'incombaient. Un manque d'attention, une fatigue passagère, offrent une ouverture supplémentaire pour que la mort s'installe. Au début, c'est très dur à assumer, on domine mal certaines techniques, puis la routine calme les appréhensions : la sécurité bienveillante de l'habitude raffermit sa confiance, ses capacités; on redevient sûr de soi. La sûreté d'un chef est le bienfait d'une équipe.

Pendant huit ans, j'ai supporté avec joie un travail épuisant, grâce à cette fameuse équipe. Les infirmières eurent une influence prépondérante sur mon action lors de cette longue période; tandis que les internes et les externes changent régulièrement, les infirmières, elles, restent et leur présence me rassure. Au cours des années, nos liens se sont resserrés et je leur ai laissé de plus en plus d'initiative. Les soins et les pansements se faisaient automatiquement. Souvent, pour des cas spéciaux, j'intervenais moi-même, mais c'est rare. Si une difficulté surgit, d'elles-mêmes, elles jugeaient s'il est nécessaire de m'appeler.

La complicité amicale qui les unissait trouvait son origine dans leur mode de recrutement. Le professeur L..., directeur du Centre, s'était lui-même déplacé pour leur demander de venir travailler avec lui. Elles avaient toutes vingt ans, fraîchement diplômées de l'Ecole de la Croix-Rouge, elles croyaient en leur mission. Sensibles à l'appel du maître qui avait su les motiver en insistant sur l'importance de leur tâche, elles acceptèrent toutes, enthousiasmées, de rejoindre le Centre et la plupart y sont restées.

Quelques-unes auraient peut-être préféré s'installer à leur compte, mais toutes ont aimé le métier qu'elles avaient choisi. Particulièrement heureuses au Centre où elles étaient respectées, elles appréciaient de n'être pas déplacées commes des pions d'un département à un autre.

Dans mon service, pendant huit ans, j'ai pratiquement gardé les mêmes personnes. Cette continuité symbolisait notre unité. A travers les années nous eûmes confusément la notion que chacune de nous, séparément, n'accomplissait rien, mais que toutes groupées, nous formions un rempart de protection aux yeux des malades. Ensemble nous avions une impression d'utilité qui nous stimulait mutuellement, et qui créait une atmosphère presque joyeuse dans un service où les affections étaient pourtant très pénibles.

Pour adoucir le confort des malades, nous mettons sur pied une cagnotte générale qui regroupe les dons des familles dont l'un des membres est hospitalisé. Nous achetons avec ces sommes des transistors, des rasoirs, de petites choses qui ne sont pas essentielles pour un malade, mais qui le réconfortent et lui redonnent courage.

Chef de service ou infirmières, nous confondons nos ambitions dans un même objectif qui est de guérir ceux qui sont atteints, d'atténuer leurs souffrances et d'humaniser leur sort.

Mes infirmières sont pour moi une courroie de transmission. Intermédiaires dévouées, elles sont quotidiennement au chevet des alités et connaissent parfaitement l'évolution de leurs symptômes. Elles m'informent des changements importants et discutent des thérapeutiques à suivre. Loin d'être de simples exécutantes, elles participent pleinement aux prises de décisions. En contact direct et quasi permanent avec ceux qu'elles soignent, elles sont, avec les externes, les membres du service les plus proches du malade.

Confiante dans leurs actions, je peux concentrer mon esprit vers d'autres directions; j'ai à respecter tout un programme d'obligations chirurgicales, médicales et administratives. Outre mes opérations, mes consultations, mes visites aux malades, il me reste à exécuter mes devoirs administratifs : remplir des dossiers, préparer des budgets prévisionnels puis s'efforcer de les respecter. Malgré ce surcroît de travail, mon statut de fonctionnaire me convient parfaitement. Je me sens protégée. Quand je quitte l'hôpital j'ai l'esprit libre, car je sais qu'une personne compétente surveillera mes malades. Quand je pose un diagnostic, je suis rassurée, car je ne suis pas seule à prendre le risque d'une telle décision.

Le médecin d'hôpital n'a pas à supporter la

solitude du choix. Notre responsabilité ne se dilue pas dans une parcellisation des décisions. L'avis des autres sur notre propre choix nous réconforte et nous stimule.

En cancérologie, il n'existe pas souvent de thérapeutiques spécifiques pour soigner telle ou telle tumeur. Les origines et les formes sont multiples, quelques cas échappent à notre connaissance. Afin d'éviter une erreur grave, nous mettons en commun nos expériences dans le but de déterminer le meilleur soin possible pour un malade. Nous discutons de ces possibilités au *staff*. Cette réunion qui se tient tous les lundis permet à chacun de présenter les dossiers de ses malades et à tous de les étudier cas par cas. Selon le type de la tumeur, on penche pour la chirurgie, la curiethérapie, la cobaltothérapie, la chimiothérapie ou l'immunothérapie. La décision finale tranche entre ces cinq formes de thérapeutiques ou prévoit de les utiliser de façon complémentaire.

C'est un travail d'équipe extrêmement intense, parfois le ton monte, mais nous arrivons toujours à trouver un terrain d'entente, car l'accord de tous est indispensable. Au-delà de l'esprit d'équipe, il y a une communauté d'action indiscutable. Le chirurgien cancérologue ne peut pas intervenir seul, il a besoin des autres : la guérison du malade exige l'unanimité des soins.

Cependant cette décision de groupe, qui est un principe absolu dans le Centre auquel j'appartiens, n'est pas toujours facile à accepter. D'une part, la philosophie de la majorité combative ou laxiste ne correspond pas obligatoirement à l'opinion de celui qui la subit; d'autre part, l'expérience particulière que le médecin vit avec son malade n'est pas prise en compte par l'avis général.

Quelquefois j'hésite à passer un malade en comité, par crainte de devoir appliquer un traitement que je désapprouve. Je me souviens d'un cas qui m'a particulièrement bouleversée, pour lequel je me suis battue jusqu'au bout, mais en choisissant mes propres armes.

Il s'agissait d'une femme que j'avais amputée d'une jambe une première fois, cinq ans auparavant et qui présentait une récidive. Elle avait le même âge que moi, et je m'étais attachée à elle en essayant, dans la mesure du possible, d'atténuer son calvaire. Son dossier fut soumis au comité et le verdict fut péremptoire : « Il faut la désarticuler au niveau de la hanche. » Non, je ne peux pas l'admettre. Non, c'est impossible; je me révolte, leur explique le contexte dans lequel leur projet s'insère : « Elle s'habitue déjà si mal à sa prothèse, pourquoi lui infliger de nouveaux tourments? De toute façon, elle est perdue, vous n'avez pas le droit de la faire souffrir inutilement! » L'évolution était ascendante, je savais qu'elle ne s'arrêterait pas. J'étais en désaccord complet avec le *staff*, qui m'accorda cependant un sursis : « Prends si tu veux un autre avis, fais-la examiner à la Fondation Curie. » Nous partons ensemble; la conclusion de mon confrère m'accorde la faveur du doute. J'avais évité de justesse une désarticulation. Je me battais moins pour sa vie que pour son confort, car je savais que dans un an elle serait morte.

L'univers des cancéreux est un univers éprouvant. Si la mort n'est pas la seule issue, la souffrance est partout. On ressent les douleurs de ses patients sans toutefois y remédier avec efficacité. Dans mon service, j'avais en majorité des cas très évolués. Des personnes dont la tumeur s'extériorise, ronge entièrement la peau, saigne, se nécrose et provoque, par l'envahissement des filets nerveux, des douleurs insupportables. Faut-il les calmer au risque d'entraîner la mort? Dans ces heures très éprouvantes, la limite entre la mort et la vie paraît alors insaisissable. Au quatrième étage, toute personne pénétrant dans l'enceinte de mon service a découvert une sorte de cour des miracles des cancéreux, avec des malades qui déambulent dans les couloirs, dont les sondes sortent de leur nez ou de leur estomac. Certains crachent du sang, d'autres trachéotomisés toussent à travers leurs canules et éclaboussent les murs.

Un spectacle à la fois déprimant et insolite, qui choque les profanes, mais qui ne perturbe pas les habitués. Comme les mendiants qui, autrefois, se retrouvaient entre eux avec leurs règles et leurs plaisirs, les cancéreux ont leurs codes de bonheur et de joie de vivre. Eux-mêmes sont gais, jouent aux dominos, se protègent par leur humour d'un monde qui les rejette.

Les laboratoires nous offrent des sommes d'argent pour améliorer leur environnement. Nous les utilisons pour acheter des jeux et décorer leur salon, où chacun se retrouve pour des parties de jeux acharnées. Il y règne une ambiance chaleureuse et sympathique. Ils s'appellent « les copains », et si l'un d'eux doit quitter les autres pour une maison de repos ou un retour en famille, c'est presque un drame pour tous. Ils aiment la vie et celle-ci continue avec les mêmes conventions mais dans un monde différent. Un univers concentrationnaire avec la joie en plus.

L'amour n'est pas exempt de leurs préoccupations. Nous avons assisté à des scènes émouvantes, tel ce mariage entre un malade gravement atteint et sa concubine, qui eut lieu sous les auspices du

Centre. Lui, sentant sa fin prochaine, nous avait suppliés d'effectuer au plus vite les démarches à la mairie, afin de lui permettre de régulariser une union qui durait clandestinement depuis plus de vingt ans. Les formalités terminées, l'huissier et l'adjointe au maire se déplacèrent jusqu'au service pour célébrer une cérémonie simple mais bouleversante. L'homme était assis sur un fauteuil, pâle, maigre, trop faible pour se lever, incapable de parler; elle, se tenait debout à ses côtés, souriante, partagée entre son bonheur et la tristesse des lendemains gris de solitude. Ils échangèrent le « oui » dans un souffle timide, sachant que leur vie commune n'aurait pas de printemps. L'assistance, composée de l'équipe médicale et des malades, les entourait d'une amitié sincère, qui se traduisait par un profond recueillement. Il n'y eut pas de marche nuptiale, mais une explosion de joie de la part du service, toutes équipes confondues. Malades, médecins se rejoignaient dans cette allégresse insolite où tous s'accrochaient au présent pour ne pas présager de l'avenir. Une belle fête, un peu irréelle, avec des fleurs, du champagne, un gâteau... Le gâteau était un peu symbolique, car la plupart avaient des sondes. Ce fut une belle journée. Des gens heureux qui oubliaient pour un instant le sort qui leur était réservé. Le marié s'éteignit quinze jours plus tard, laissant à sa femme son nom et son plus merveilleux souvenir.

L'ambiance générale des malades est très attachante. Dans l'ensemble, ce sont des « durs ». Des dockers, qui arrivent avec leurs mains calleuses et leur mégot au bec... Ils me dévisagent, pour bien marquer qu'ils ne s'en laissent pas conter, puis me tendent la lettre du spécialiste qui les envoie. Alors je procède à l'examen, et ce n'est pas facile! Gros fumeurs, ils ont des réflexes de toux, qui m'empêchent de regarder leur langue et d'examiner leur gorge. Je suis en général obligée de les hospitaliser pour un bilan. L'idée ne leur plaît jamais. Ils vont être loin de leur famille, de leur « boulot ». J'essaie de les persuader. La première étape franchie, le plus difficile reste à expliquer.

Comment faire admettre à ces hommes, fumeurs et buveurs impénitents, qui ont formé leur vie à coups de gueule et de gros rouge, qui tirent une bouffées pour sécher leur sueur, que désormais tout ça c'est « foutu » pour toujours? Comment leur dire en face que leur prochaine étape, c'est la mort de leur voix, la fin de leurs plaisirs mais que peut-être un jour ils parleront encore. Ce n'est pas facile, et je n'aime pas cette démarche; ce rôle de messager de l'infortune ne me convient pas, mais je n'ai pas le choix. Au début, ils refusent tout, puis acceptent de m'écouter. J'attaque franchement : « Nous sommes obligés de vous enlever le larynx; vous ne pourrez plus fumer, ni boire d'alcool, ni même parler. Ce sera vraiment dur, mais l'absence de communication n'est pas définitive. Je connais un " type ", dans le même cas que vous, qui a réappris à parler. Il s'exprime en avalant de l'air et en le relâchant en paroles, on le comprend très bien. » C'était en effet un de mes anciens malades qui vient donner des cours au Centre. Il apprend à moduler le renvoi de l'air pour en faire des mots. Le résultat donne une voix monocorde, un peu robotisée, mais tout à fait compréhensible. Par son exemple, j'essaie donc de montrer que tout drame est temporaire, et que la volonté transgresse les lois de la nature. A la fin, ils contestent encore, tout en me posant des questions. Petit à petit, la confiance s'installe, ils admettent mes arguments mais de façon limitative : « C'est d'accord, on revient pour le bilan, pour un nouveau diagnostic, mais pas question d'opération ! »

Quand ils reviennent, ils doutent un peu d'eux-mêmes et se rassurent auprès des certitudes médicales. L'enchaînement suit : soit l'opération, soit une radiothérapie, soit l'association des deux. Ils penchent tous pour la deuxième solution, si par chance elle est possible, et je leur décris crûment comment s'effectuent les traitements sous cobalt : « Ce sont des rayons qui vont détruire votre tumeur, et qui brûleront légèrement votre peau. Au début, vous ne serez pas très à l'aise. Il faudra cesser de fumer pendant le traitement, mais ça évite de vous opérer. » Pour le cobalt, ils ont le choix de venir tous les jours, ou de rester sur place. Ceux qui restent ne sont pas malheureux de leur sort : avec une demi-heure de cobalt par jour, ils ne souffrent pas; le reste du temps, ils jouent aux cartes et se créent des copains. Parfois même, ils se font des blagues...

Un jour, il y a un va-et-vient perpétuel dans un des couloirs du service, où un petit groupe s'agglutine derrière une porte. Intriguée, je me dirige vers le « lieu du crime », et j'aperçois un tableau étonnant : une femme de forte corpulence, accoudée à la fenêtre et le dos tourné vers la porte, prend sa température, toute chemise de nuit relevée ! Evidemment, il n'en faut pas plus, pour que mes malades, qui n'en sont pas moins des hommes, se ravissent de ce spectacle et se poussent du coude en riant aux éclats.

L'ambiance est tellement détendue, que les jours de grande visite, j'ai un mal fou à les rapatrier dans leurs chambres. C'est une vie étrange, mais pas désagréable, avec ses joies et ses peines, sa tranquillité et ses moments de panique. Nous avons quelquefois fort à faire pour maintenir l'ordre.

En effet, nous avons de temps en temps des malades débiles qui déroutent nos habitudes médicales. Soigner une personne atteinte intellectuellement et physiquement n'est pas chose facile. Nous sommes mal préparés à ce genre de patients, qui réclament une surveillance accrue. L'un d'eux est particulièrement turbulent et passe ses journées à éteindre ou allumer les lumières, à déambuler dans les couloirs et déranger l'ordre des choses. Les infirmières doivent faire preuve de vigilance pour le retenir contre ses impulsions. Quand je dois l'opérer, c'est la révolution dans le service! Hurlant, vociférant, il refuse de se laisser emmener. J'essaie de le calmer, mais il est terrifié et aucun mot ne le tranquillise. Finalement, nous sommes obligés de le capturer comme une bête fauve et de le piquer malgré lui : nos thérapeutiques ne sont pas toujours de tout repos! Dans un monde de malades, un débile n'est pas ressenti comme un être à part. Pour nous leur présence nécessite une attention accrue, mais pour les autres habitants du quatrième étage, touchés dans leur normalité physique, ils sont des malades comme les autres, avec leurs souffrances et leurs désespoirs.

Tous ensemble, ils se serrent les coudes, et quand arrive la phase terminale de la maladie, soit en guérison, soit en approchant la mort, ils ne veulent plus partir. Ils ont vécu en communauté et se sentent rassurés. Ils apprécient le confort des chambres et du salon décoré de plantes vertes. Le visage des infirmières leur est familier, et ils acceptent leur sort avec une relative sérénité.

Chacun a sa place dans un service où tout leur est consacré : ils s'adaptent vite à leur routine et refusent d'en changer. Une maladie cancéreuse peut durer des années. Des habitudes se construisent et quand on est malade, on craint de briser un rythme qui devient la seule certitude de la vie. Ceux qui sont condamnés désirent mourir auprès de ceux qui se souviendront d'eux; et nous, l'équipe durable, sommes tellement attachés à ces malades que nous suivons depuis quatre, cinq ou six ans, que nous n'acceptons pas de les laisser mourir dans la solitude et l'oubli, tout au moins pour les « laissés-pour-compte ». Pourtant c'est déprimant d'assister à la lente dégradation d'un corps que l'on a soigné de toutes ses forces, et qui malgré tous nos efforts et toutes nos connaissances, souffre et meurt face à notre impuissance. Ce n'est pas alors un malade que je perds, mais un ami qui me quitte pour toujours.

Comment approcher la mort d'un cancéreux? La plupart s'éteignent lentement comme une flamme qui vacille, rongés progressivement par la maladie, et ce spectacle est très pénible. Certaines morts sont plus violentes et plus insupportables que d'autres : celles par asphyxie, lorsque la tumeur envahit la trachée en dessous du trou de trachéotomie, contre laquelle on ne peut rien, et qui prolonge l'agonie pendant des jours et des jours. Pourtant, je n'ai pas souvent rencontré l'angoisse de la mort dans les yeux des malades. La plupart craignent la souffrance mais ne conçoivent pas la mort. Pour eux, la guérison est toujours possible. Ils regardent leur tumeur dans le miroir et pensent qu'elle va fondre. Et moi, je les soutiens dans leurs croyances. Je distribue l'espoir jusqu'au bout. Aux malades qui me demandent s'ils retravailleront la semaine suivante, je réponds : « Mais évidemment, vous allez reprendre votre travail, quitte à le faire à mi-temps. » Ils sourient alors et semblent très heureux. Pourquoi leur aurais-je fait peur, si eux-mêmes n'imaginent pas l'issue de leur maladie? Moi, j'hésite à penser qu'ils mourront, mais l'important est ce qu'ils ressentent, eux, en tant qu'hommes.

Personne ne peut juger de la réaction des autres devant la mort. La résistance à la douleur est beaucoup plus grande que ne le présume un bien portant. J'ai pour philosophie, dans la mesure où cela ne comporte pas un trop grand risque pour le malade, de le laisser agir au maximum en fonction de ses désirs.

Les centres anticancéreux offrent une image de désespoir à ceux qui ne les fréquentent pas, car ils n'y voient que la maladie et la mort. Moi, je ne veux voir que l'espoir, celui de la guérison et de la vie. Je pars toujours gagnante, même si le cas est grave. Ce qui compte, c'est de se battre pour la faible chance qui reste : faire d'une petite veilleuse une lampe. Je suis tellement persuadée de cette mission que j'ai à accomplir auprès de mes malades que je donne jusqu'au dernier moment le sourire de l'espoir.

Lorsque je m'assois au chevet de mes alités, quand je prends leur main et sens l'angoisse monter dans leur regard, une parole, un geste suffisent à leur transmettre mon enthousiasme et leurs regards changent. Ils savent que je m'implique complètement pour hâter leur guérison et les soustraire à leurs douleurs. Ils croient dans la sincérité de mes efforts, dans la volonté de guérir que je porte en moi, qui les aide à se battre et parfois à gagner.

Les malades me posent également de nombreuses questions sur leur avenir : « Croyez-vous que je vais m'en sortir? » J'évite le doute, sans pour autant leur offrir des certitudes illusoires. « On va lutter tous les deux, mais il faut que vous m'aidiez : d'une part en assumant votre traitement, qui sera dur, et d'autre part, en supportant la contrainte que représente la radiothérapie. En échange, je vous promets d'adoucir vos peines et de tout mettre en œuvre pour votre guérison. »

La relation médecin/malade en cancérologie doit être vraie pour devenir efficace. Si un patient veut vraiment guérir, s'il n'est pas trop atteint et s'il met toutes les chances de son côté en acceptant le soutien de son médecin, il arrivera sûrement à la victoire.

Evidemment ce n'est pas facile, car le malade se démoralise vite, dès qu'il n'a plus la sensation d'être suivi dans sa tentative. Or notre société actuelle marginalise le malade, et surtout le « cancéreux » parce qu'il est atteint d'une maladie dont on connaît mal les contours et les évolutions. C'est une maladie qui fait peur, qui symbolise l'impuissance de l'homme et qui rend mal à l'aise.

Rejetés par la société et par leur famille, les « cancéreux » doivent assumer la double humiliation de cette marginalité. Quand le chef de famille retourne chez lui, il voit que sa famille continue sans lui et que sa place n'est plus prépondérante. Les enfants ne respectent plus l'autorité du père malade. Le père diminué physiquement, atteint dans son orgueil, se plonge dans une révolte impuissante qui le déprime totalement. Paradoxalement, la famille représente aussi son seul recours, son unique refuge affectif. Seuls une femme, une mère, une fille ou un fils peuvent répandre sur le malade un amour sans limite dont ils ont tous terriblement besoin. Leur seule compensation, quand ils retournent chez eux, se trouve dans toutes ces marques de compassion, de tendresse et de gentillesse dont ils se sentent l'objet. Bien qu'ils puissent rentrer déprimés d'un court séjour familial, il vaut mieux ces petites crises de désespoir que les drames que provoque l'abandon total et définitif.

Il existait des cas tragiques où les conjoints du malade progressivement se désintéressaient de leur sort, au point parfois de les quitter sans préavis : soit ils ne venaient plus les voir à l'hôpital, soit ils étaient partis quand le convalescent rentrait chez lui. D'autres rendaient des visites régulières au début; puis, fatigués d'assister à cette lente dégradation, ils ne venaient plus. C'est difficile d'assumer une personne qui porte une sonde, dont la tumeur exhale des odeurs de pourriture. Ce n'est pas facile d'accepter le spectacle affligeant d'un corps qui se détruit. Certains ne peuvent plus du tout le supporter, et fuient leur cauchemar.

J'ai vécu beaucoup de drames personnels de cette sorte auxquels j'ai participé, parfois activement. Pour cette femme amputée, pour laquelle on avait évoqué la désarticulation, je m'étais totalement baignée dans son drame conjugal. J'avais reçu son mari, en lui demandant de faire un effort, de ne pas l'abandonner dans un état aussi misérable. Il me répondit : « Je ne l'abandonne pas matériellement, mais physiquement, je ne peux plus la supporter. »

Effectivement, il lui était impossible de l'assumer, et le faux-semblant est encore plus affreux, car le malade a une sensibilité exacerbée qui lui permet de ressentir les moindres changements qui s'effectuent autour de sa personne.

Cependant, si j'ai vu l'amour disparaître, s'écrouler devant une réalité pénible, j'ai assisté aussi à des scènes de dévouement et d'abnégation extraordinaires; des femmes et des hommes qui demandaient la permission de passer la nuit au Centre, pour rester auprès de ceux qu'ils aimaient; des gens qui se déplaçaient par tous les temps, peu importent les distances, pour offrir un sourire à ceux qui les attendaient. Etrange complexité de la nature humaine qui renvoie dos à dos la lâcheté la plus abjecte et l'altruisme le plus admirable.

Ce que les malades ressentent le plus douloureusement, en dehors des abandons familiaux, c'est de devenir des marginaux de la société. Leur plus grand atout dans ce combat sans merci, ils le tiennent dans leur volonté de reprendre une vie comme tout le monde. C'est pour les aider que je favorise la reprise du travail. Ils reprennent pendant deux ou trois semaines, puis reviennent épuisés mais heureux.

Ce qu'il faut, c'est adapter l'entourage aux besoins du patient. Faire comprendre aux autres, ce que peut être le devenir d'un homme qui ne parle plus, qui réapprendra à parler, mais qui mettra deux ans avant de retrouver son langage. Apprendre la patience à un monde qui monnaie trop son temps. Car la guérison d'un malade cancéreux, au-delà de l'apport médical indispensable, dépend de trois facteurs, qui sont à la fois complémentaires et spécifiques, et qui s'expriment par le temps, la patience et l'amour.

Mon expérience de chirurgien cancérologue m'apporte des notions nouvelles qui transforment mon caractère. Je deviens plus tolérante, plus humaine, plus ouverte aux problèmes des autres. Et cette ouverture d'esprit ne me sert pas seulement dans mon travail, mais également dans ma vie privée où je retrouve un équilibre bien ébranlé au moment de mon divorce.

En dehors du Centre, je me suis créé une vie

agréable, partagée entre de nouveaux amis, un environnement différent et des occupations plus variées. C'est le début d'allées et venues incessantes entre R... et Paris, car je viens de rencontrer Jean-Pierre et désire être tous les jours auprès de lui. Ainsi, quotidiennement, pendant plusieurs années, je fais deux cent cinquante kilomètres pour relier mon lieu de travail à mon nouveau port d'attache. J'ai trouvé mon épanouissement dans cette organisation étonnante et me refuse de la remettre en cause, malgré la fatigue qu'elle engendre. Sur l'autoroute, je me délasse, j'oublie mes soucis, en mettant la radio à fond, je roule vite pour libérer mon cerveau de l'emprise de mon labeur. Arrivée à Paris, je fais les courses, prépare le repas et nous dînons en toute quiétude, Jean-Pierre et moi. Je me suis recréé un foyer, des habitudes de couple, avec quelqu'un qui partage mes peines, mes difficultés et qui m'aide à retrouver un moral parfois déprimé par la lourdeur de mes responsabilités médicales.

En fin de semaine, soit je vais à la chasse soit je pars faire du ski. J'adore les sports d'hiver, l'air de la montagne tonifie mon esprit et le ski décontracte mon corps emprisonné toute la semaine dans des vêtements de chirurgien.

Quel contraste entre ma vie au Centre et cette existence facile que je mène sur les pistes! L'ambiance des stations de ski, insouciante ou sportive, me repose de mon agitation hebdomadaire. Sur place, je retrouve des amis, avec lesquels je prends des pots en riant de leurs histoires, tout en oubliant la mienne et son cortège de malades hospitalisés. Je ne me sens pas coupable de m'amuser loin d'eux, et je ne juge pas les gens que je côtoie dans les hôtels ou sur les pistes comme superficiels, parce que j'ai connu beaucoup de malheur.

Pourquoi comparer un cancéreux avec un homme sportif et bien bâti qui danse sur ses skis, éclatant de santé? Il ne faut pas comparer ce qui n'est pas comparable. Il faut seulement penser qu'un jour le cancéreux, qui est maintenant au fond de son lit, a peut-être été un homme sportif et bien portant, ou que cet homme qui skie aujourd'hui sera peut-être une victime de demain. Dans l'ensemble, la vie est très équilibrée et apporte à chacun son lot de malheur et de bonheur, mais que chacun entame à une époque différente de la vie. Le bonheur est relatif à l'instant vécu; il n'est pas éternel.

Pour être utile à mes malades, il vaut mieux que je sois en forme et souriante, plutôt que triste et aigrie. Si j'étais restée à R... tous les week-ends, à me morfondre à leur chevet, je leur aurais donné une image sinistre de moi-même. Or quand je revenais, bronzée et heureuse, je leur apportais cette joie de vivre à laquelle ils aspiraient tant : pour aider les gens tristes à retrouver leur gaieté, il faut d'abord se détacher soi-même de la tristesse du monde. Grâce à mes échappées parisiennes, ou à mes week-ends sportifs, je reconstituais mes forces et revenais au Centre encore plus combative. Je poursuivais sans relâche le combat contre la maladie, sachant que c'était, quelquefois, le pot de fer contre le pot de terre, mais ne présumant pas de l'évolution des choses.

Le hasard est un élément important dans la guérison d'un cancer, il ne faut pas le sous-estimer. Je ne baisse jamais les bras. Quand un malade récidive, et si je perds courage, je me raccroche à mes convictions profondes, en me répétant inlassablement que rien n'est perdu et tout reste à gagner pour les conquérants de l'impossible. Car l'impossible n'est pas une limite absolue : c'est une limite de nos connaissances, qui recule au fur et à mesure du développement de l'intelligence de l'homme. En médecine tout combat est utile, même s'il se solde par un échec, parce qu'il apporte une petite victoire de plus dans la grande guerre du cancer.

Tout combat pour l'espoir est également utile, quel que soit le résultat, car il apporte à celui qui le mène un soulagement bénéfique. Et si la mort est inévitable, au moins la souffrance sera calmée. Car soustraire le malade à la douleur est une des missions primordiales du médecin. Autrefois la religion admettait la souffrance comme une purification de l'âme, puis elle fut un refuge pour ceux qui ne pouvaient calmer leur douleur autrement. De nos jours, si Dieu existe, il existe avec des calmants. Le XXe siècle peut diminuer la souffrance jusqu'à son extrême limite qui est celle de la mort, donc de l'euthanasie.

Dans ma volonté d'empêcher de souffrir, j'atteignais parfois ces limites incertaines entre la nécessité d'éviter des douleurs affreuses et le risque d'entraîner la mort par une dose de calmant trop élevée. Le choix n'était pas facile, et ne le sera jamais. C'est un peu comme ce dilemme sans solution que pose la décision de dire la vérité au malade. Car il y a autant de vérités que de malades. Leur dire ou non qu'ils vont mourir dépend de chacun. L'approche de la mort varie en fonction de la personnalité de l'individu, de son histoire et de son statut social. Très souvent les gens qui sont forts dans la vie, qui ont réussi, qui sont chefs d'entreprise ou qui ont des responsabilités importantes, refusent violemment l'idée de maladie et de mort. Mais les travailleurs qui dominent leurs muscles et qui dépendent du patron pour leur salaire, abordent la maladie plus simplement, avec plus de dignité et de beauté. Mon attitude était donc modulée selon le caractère de chacun et se différenciait en fonction de la personne à laquelle je m'adressais.

Quand j'annonce à un docker qu'il faut lui enlever la moitié de la joue, d'emblée il dit non. Pour lui, je représente le patron de la maladie, donc il me conteste. Je respecte cette décision, mais j'essaie de raisonner. Et quand ils se donnent, ils se donnent à fond. Si je les guéris et qu'ils récidivent, ils reviennent dans mon service; alors on prépare la mort ensemble. Eux me disent : « Vous savez, je sais que je suis foutu. » Je leur réponds : « Moi, je ne sais pas si vous êtes foutu, après tout je ne sais pas de quoi demain sera fait. On va vivre une nouvelle aventure ensemble. » Pour les calmer, je leur explique ce que je vais faire; ils m'écoutent attentivement, puis me font confiance. Je leur apporte un geste rassurant et s'ils ne guérissent pas, ils sont calmes, presque sereins.

La mort des hommes qui ont connu la puissance dans leur existence est beaucoup moins tranquille et se traduit par un combat effroyable et désespéré.

Ayant l'habitude, par leur position professionnelle, de commander à des hommes, ils pensent pouvoir aussi dominer la maladie. Non seulement ils n'arrivent pas à la vaincre mais dépendent d'elle totalement. Cette situation les brime et ils discutent tous les diagnostics, les traitements et voudraient consulter tous les médecins de la terre. Je les encourage moi-même à chercher un diagnostic ailleurs, pourvu que leurs recherches puissent les apaiser. Loin de m'opposer à leur lutte, je les soutiens car leur révolte est leur mode d'espoir.

Quelle que soit la forme dans laquelle j'interviens, j'essaie d'apporter le maximum de soutien au malade condamné. Chaque mort pour moi est toujours un drame et, malgré toutes ces années passées dans un service où l'on vit dans des conditions difficiles, je ne me suis jamais durcie face à la misère des autres.

L'échec qui m'a le plus bouleversé dans ma carrière de chirurgien fut celui que j'ai connu avec cette femme que j'avais amputée et qui a rechuté. Je m'étais entièrement dévouée à sa cause. Mère de six enfants, abandonnée par son mari, j'avais tout mis en œuvre pour la sauver. Comme elle était gravement atteinte, je n'étais pas sûre de la guérir complètement, mais je voulais lui obtenir un sursis de quelques années pour qu'au moins elle ait la joie de voir grandir ses enfants. Je lui avais dit : « Il faut se battre ensemble, car plus vous resterez en vie, mieux vous préparerez vos enfants à l'existence qui les attend. » Pendant six ans, nous avons lutté toutes les deux. Je l'aidais dans sa maladie et dans sa vie privée pour qu'elle tienne le coup. Amputée des trois quarts d'une jambe, elle marchait mal malgré sa prothèse et ses enfants eux-mêmes ne supportaient pas son infirmité. Au début, elle se brûlait en faisant la cuisine, elle perdait l'équilibre, faisait tomber les plats. Comment garder une certaine autorité sur six enfants quand on est handicapée ? Ce fut un véritable martyre, mais elle survécut six ans, le temps de mener à son terme son objectif. Son fils de cinq ans venait d'atteindre sa onzième année quand elle est morte. Il était mieux armé pour affronter la vie tout seul. Sa mort fut un soulagement pour elle et un choc terrible pour moi. Malgré moi, j'espérais la sauver définitivement. Je ne peux encore détacher mes yeux de ce bouquet de fleurs séchées qu'elle m'avait offert un soir de confidence.

Cependant, même si la disparition d'un malade me touche autant que celle d'un ami, je reste en possession de mes moyens. Un chef de service doit garder son enthousiasme pour les autres malades qui le regardent et l'interrogent. Toute défaillance peut avoir un effet déprimant sur l'ensemble du service.

Cette attitude digne, je m'efforce de la maintenir face au malade qui se meurt et à ses proches qui viennent chercher du réconfort.

Les consultations des familles ont lieu le vendredi à partir de quatorze heures. Quand j'arrive dans le service et que je vois toutes ces personnes assises dans la salle d'attente, silencieuses, les traits tirés, j'ai parfois l'impression d'être un juge signant des arrêts de mort ou d'emprisonnement à perpétuité; quelquefois au contraire, je joue le rôle du messager de la victoire

Une à une, je les reçois dans mon bureau auquel j'ai tenté de donner un aspect chaleureux pour adoucir un tant soit peu la tristesse de certains verdicts. Chaque visiteur entre lentement, s'assied sans mot dire, puis me fixe. Enfin, il me demande si c'est grave, quel est le pronostic. Quel est le ton juste quand on doit annoncer à une femme que son mari va mourir ou à une fille que son père est condamné? C'est un message difficile à transmettre pour lequel je ne donne jamais de faits précis. S'il s'agit d'une jeune fille qui vient me voir au sujet de son père, je lui dis: « Je crois qu'il ne sera jamais grand-père. » Je ne présente pas les faits de façon brutale, je leur laisse le soin de moduler leurs espérances. Puis on me demande si la personne aimée souffrira. Je réponds toujours non, car je sais que je ferai tout mon possible pour qu'elle ne souffre pas : « Je crains la douleur aussi, et je l'assume très mal pour les autres. » Cette phrase les rassure et, impuissants devant la réalité, ils remettent leur confiance dans mes connaissances médicales.

Si certaines entrevues sont dramatiques, avec des pleurs et des gémissements, d'autres sont plus sobres et peut-être plus poignantes. L'une d'elles m'a beaucoup marquée.

C'était un couple âgé qui venait prendre des nouvelles de son fils unique. Celui-ci avait vingt-sept ans et n'avait plus qu'un mois ou deux à vivre. Il avait une tumeur maligne qui s'était diffusée partout; je ne pouvais pas leur cacher la vérité, j'annonçais progressivement : « Je suis consternée par l'état de votre fils, vous avez vu l'évolution, c'était un grain de beauté petit comme une lentille et maintenant... » La tumeur que je venais de retirer était grosse comme une orange. Le père est devenu tout pâle, il s'est levé immédiatement, son chapeau à bord roulé tomba sans bruit sur le sol. Il luttait pour maîtriser son émotion, et me pria de bien vouloir rester avec sa femme pendant quelques minutes. Il se retira en silence, se recueillant quelques instants pour éviter à sa femme le spectacle de sa douleur. C'était une scène d'une beauté sobre, dont la dignité m'a énormément touchée.

Je ne veux pas être froide, je tente de transmettre dans ma retenue beaucoup de chaleur humaine, mais un médecin ne doit jamais traduire ses émotions

Entre les consultations, les interventions, les visites et la réception des familles, j'avais un programme très chargé et surtout très éprouvant moralement.

Petit à petit, mon métier se mit à me ronger comme une tumeur. Il envahissait mon esprit et ne me laissait plus de repos. A chaque échec, je me sentais coupable, je mettais mes capacités en doute. Avais-je fait un bon curage de ce cou, n'avais-je pas oublié un ganglion, étais-je suffisamment habile? Toutes ces questions me rendaient triste et je sombrais quelquefois dans la « déprime ».

Pourtant, malgré ces périodes de remise en cause, j'adorais mon métier et j'essayais de m'améliorer sur de nombreux domaines. Sur le plan humain, j'avais appris, à travers les années, les valeurs à respecter; sur le plan de mes connaissances médicales, je me tenais au courant des derniers perfectionnements en suivant les consultations du professeur C..., cancérologue de renommée mondiale. J'opérais également avec des confrères qui m'apprenaient leurs techniques. Je me recyclais continuellement. C'était d'ailleurs le seul moyen de posséder mon métier, car les techniques évoluaient constamment. Je travaillais en collaboration avec l'Institut Gustave-Roussy, que je rejoignais chaque semaine afin de leur apporter mes cas.

Nous basions nos diagnostics sur des protocoles de traitements déterminés par des associations médicales européennes, auxquelles nous adhérions. Parallèlement, j'étais en contact avec le Département de Statistiques de Villejuif et son service de chirurgie cervico-faciale.

En complément à toutes ces activités, j'appartenais à l'O.E.R.T.C. (Organisation européenne de Recherche et de Traitement de la tête et du cou). Le docteur R..., cancérologue de renom, m'avait lui-même parrainée pour que je puisse faire partie de cette association.

Nous avions des réunions passionnantes dans

toutes les villes d'Europe. Mes connaissances s'enrichissaient énormément de ces échanges, et, par la suite, j'ai moi-même présenté des travaux dans les congrès internationaux.

Ma première communication fut donnée à Turin. J'étais très émue à l'idée de présenter mes recherches devant un public aussi éminent. Gorge serrée, je m'étais cependant avancée pour exposer mes travaux; il s'agissait d'une étude que j'avais accomplie dans mon service et qui concernait le domaine de la chimiothérapie interartérielle.

J'avais, en la matière, appliqué une récente méthode qui s'est avérée très positive et qui consiste à glisser directement dans une artère qui passe devant l'oreille un liquide dont le rôle est d'irriguer la langue et de détruire les cellules cancéreuses qui s'y sont développées. L'irrigation s'effectue grâce à une machine qui tourne pendant plusieurs jours à un rythme déterminé et qui envoie régulièrement dans la langue un produit qui agit sur la tumeur et la matraque...

C'est une technique délicate, car le liquide coule dans un petit cathéter (tuyau très fin en polyester) que l'on descend dans la temporale superficielle jusqu'à la bifurcation de la carotide. Il faut surtout faire attention de ne pas aller au-delà de la branche linguale, sinon le produit pénètre dans la carotide interne, monte directement vers le cerveau et devient alors très toxique.

Un travail de précision qui peut devenir dangereux; pour éviter toute erreur, on contrôle le chemin parcouru par le liquide en utilisant du bleu. On procède de la façon suivante : à la suite d'une anesthésie locale on incise la peau, puis on met une veine à nu tout en évitant de la déchirer. Ensuite, on la coupe en deux, ce qui provoque une petite béance dans laquelle le tuyau doit se glisser. La patience est essentielle dans cette action, le trou est tellement minuscule qu'il faut s'y prendre à plusieurs reprises, ce qui met les nerfs à rude épreuve.

Tout dépend du calibre de la veine. Les cathéters ont des diamètres variables, mais il existe une taille limite au-dessous de laquelle on ne peut descendre, sinon le liquide ne passe plus. Comme chaque artère varie en fonction de l'individu, nous mettions parfois une heure pour réussir. Quel travail! Enfin, une fois le tuyau introduit, on le glisse et on cherche le niveau en envoyant du bleu : la peau bleuit alors à l'endroit où le liquide circule. En l'occurrence seule la linguale doit être atteinte : avant tout éviter le front et les yeux; lorsque la langue est bleue ainsi qu'une partie du nez et de la joue, le bon niveau est obtenu, et le cathéter est noué avec force à l'aide d'un fil très fin.

La peau devient bleue uniquement pendant la période d'approche, quand la zone concernée est repérée; le liquide injecté est incolore. Désormais, le processus est en route, il suffit de surveiller le malade pendant six jours, en procédant à des contrôles de bleu quotidiennement afin de s'assurer que le cathéter n'est pas descendu. Ce système permet de diminuer les tumeurs avec des résultats spectaculaires.

Puis il y avait aussi toutes les autres techniques : la chirurgie, la chimiothérapie générale, l'immunothérapie et la radiothérapie dont fait partie la cobalthérapie. De nombreux malades dans mon service sont sous cobalt. Leur traitement consiste à être placé face à un gros appareil qui distribue des rayons mesurés en « rads », qui s'attaquent à la tumeur. Chaque malade est soumis à « tant » de rads par jour, radiations qui sont déterminées en fonction de la taille de la tumeur et de sa profondeur sous la peau. Le propre d'un bon radiothérapeute est de savoir délimiter précisément la dose tumeur et la dose peau.

Nous avions à R... une salle de cobalt parfaitement équipée avec un bétatron et une pièce réservée à la curiethérapie. Cette dernière méthode est basée sur l'implantation de ces fameuses aiguilles de radium (remplacées aujourd'hui par de l'irridium) dans l'organe malade pendant trois ou quatre jours. Ce traitement est très pénible pour celui qui le subit, car on le place dans une chambre plombée, sans contact humain; même les repas sont transmis par l'intermédiaire de guichets. Actuellement cet isolement est atténué, grâce à des procédés plus modernes.

Enfin on fait de plus en plus appel à la chimiothérapie, qui reste cependant extrêmement complexe en raison de la multiplication des drogues dont on connaît encore mal l'utilisation et qui sont administrées soit par voie veineuse soit par voie orale.

C'est un domaine qui est en pleine évolution, comme d'ailleurs l'immunothérapie dont le principe consiste à traiter des gens par des anticorps.

A quand le vaccin anticancéreux? Ce n'est pas pour demain, mais ce n'est pas un mythe. Un jour viendra où le cancer lui-même ne sera plus considéré comme un mythe mais comme une maladie, peut-être un peu plus difficile que les autres, mais guérissable comme les autres!

L'inconnue du cancer nous effraie, pourtant c'est aussi une source de salut. Ce qui est inconnu n'est pas inéluctable. On connaît mal les limites de cette maladie, mise à part celle de la mort, donc on déduit qu'il n'existe pas d'autre issue. Moi, je choisis une autre solution qui est celle de l'espoir, qui nous permet de croire qu'un jour toutes les maladies cancéreuses seront guéries et qui se base sur les progrès qui ont été accomplis ces vingt dernières années.

Dans les salons, j'entends souvent les gens chuchoter le nom de ceux, amis, pères, frères, qui ont été emportés par cette « longue et douloureuse maladie. » Ils n'osent même plus prononcer le « mot », de peur que celui-ci ne les marque également d'un sort aussi morbide. Le cancer devient à leurs yeux une sorte de démon maléfique contre lequel on ne peut rien et dont il ne faut pas parler directement sous peine d'appeler sur soi la condamnation du destin. Moi, qui suis là et qui écoute, j'ai envie de leur dire que j'ai vécu huit ans parmi les cancéreux, que je n'ai pas été contaminée et que j'en ai guéri beaucoup.

Effectivement, la guérison n'est jamais définitive, mais que signifie le terme « définitif » quand un patient survit au-delà de vingt ans à un traitement qu'il a subi?

Combien de fois ai-je reçu, au cours de mes consultations, d'anciens malades qui revenaient pleins de gaieté et de projets.

Tout en subissant l'examen de contrôle, ils me parlaient de leur vie, de leur travail, de leur famille. Je connaissais le nom des enfants, ils m'apportaient les photos de la communion solennelle, puis du mariage... et ils m'offraient des poulets nourris au maïs, « garantis sans hormones »!

L'un d'eux, que j'avais amputé de la moitié du pied, me décrivait avec passion et force gestes les matches de « foot » effrénés auxquels il participait avec l'équipe de sa banlieue. Moi, ravie de toute cette vitalité retrouvée, je l'admonestais en riant : « Monsieur B..., vous me faites des infidélités, vous savez que je suis une " fana " de rugby ! » Nos entretiens se terminaient souvent sur un simulacre de « shoot » que mon rescapé au pied agile mimait devant mes yeux ébahis.

Au fil des années, des liens presque amicaux se sont noués avec ces patients de longue date. Quelle joie de revoir leurs visages familiers que j'avais connus autrefois déformés par la souffrance et la peur et qui avaient retrouvé leur sérénité ! Certains venaient me voir sans raison médicale, tout simplement pour me montrer qu'ils étaient toujours en bonne santé et pour me dire qu'ils comptaient le rester définitivement.

Il y avait notamment ce malade qui venait régulièrement apporter l'espoir aux autres et qui avait appris à parler très distinctement malgré un cancer du larynx qui l'avait mutilé de ses cordes vocales. A force de volonté, il avait réussi à cultiver ce don précieux de la parole qu'il entretenait avec tant de soins depuis plus de quinze ans !

Enfin toutes ces personnes qui m'ont redonné foi dans mon travail les jours de « déprime », je continue à les rencontrer bien que je ne fasse plus partie du Centre anti-cancéreux. Quelques-uns m'ont même suivie en chirurgie esthétique, car malgré les atteintes qu'ils ont dû subir en période cancéreuse, ils ont toujours cru dans leur guérison et ont une croyance suffisamment profonde dans la vie pour faire appel à l'esthétique : ce qui prouve que la souffrance ne rend pas la beauté futile.

Un patient, artiste de son métier, qui avait subi une ablation d'un tiers de la langue, me demanda de refaire son nez en plagiant avec humour quelques phrases d'une chanson de Piaf : « Balayez la souffrance,... oubliez pour toujours... ça n'a pas d'importance, je repars à zéro... » (cité de mémoire).

Comme partout, dans le cancer il y a des gens qui ont de la chance et d'autres qui en ont moins. Il y a ceux qui se rétablissent et ceux qui en meurent. Mais pourquoi ne parle-t-on jamais de ces cancéreux épanouis, qui vivent depuis cinq, dix ou vingt ans sans diminution de leurs forces mais avec une joie de vivre supplémentaire?

Afin d'étayer ce que je ressens, je me permets de reprendre ici les réflexions de mon Patron et ami, le directeur du Centre, qui au cours d'une conférence a su exprimer ce que signifie vraiment ce fléau moderne, ce cancer dont on parle tant et que l'on connaît mal : « Les médias ont énormément contribué à décrire le cancer comme un monstre froid, tentaculaire, qui absorbe sa victime et ne la relâche jamais. Apparemment eux non plus ne sont pas intéressés par les cas de guérisons pourtant de plus en plus nombreux. En fait, tout ce qui est heureux ne rapporte pas. Le cancer dans nos sociétés modernes symbolise la maladie, la souffrance et la mort, et les médias ont exploité cette image. »

Chaque époque s'est caricaturée dans une maladie : le Moyen Age avec la peste; la Renaissance dans la vérole; le siècle des Lumières dans la goutte, et l'époque romantique dans la phtisie. Deux guerres apocalyptiques ont laissé à notre époque le temps de se reconnaître dans un portrait : il est trouvé, il fait recette. Des films décrivant les pauvres victimes de l'horrible maladie gagnent des sommes fabuleuses. Des vedettes de tous styles se prêtent à grands renforts de publicité aux explorations hypocritement pathétiques de caméras plus ou moins occultes. Les ordinateurs qui traitent l'information « cancer » indiquent les choix les plus percutants, les appâts les plus efficaces : l'image est lancée. Comme l'écrivait Henry Miller en 1934 : « Partout où il y a des murs, il y a des affiches avec des crabes venimeux qui prophétisent l'arrivée du cancer. »

Voyeurs malsains, nous scrutons sur le visage des autres les stigmates de la maladie. Le cancer prend une dimension de fléau de société, au-delà du corps, qui s'attaque à l'esprit. Il faut démasquer l'imposture, la tricherie ou la manipulation. Eviter d'inutiles gaspillages sur une opinion trop sensibilisée. Penchons-nous plutôt sur l'évolution des moyens de lutte contre ce phénomène, sur les techniques de prévention. Rien n'est impossible en médecine. Le fléau du siècle dernier est aujourd'hui maîtrisé. Pourquoi ne pas croire en une telle évolution pour le cancer et ne pas en parler avec plus de naturel autour de soi ? Grâce à une prévention intelligente des milliers de femmes échappent à la fatalité du cancer de l'utérus. Des cancers du sein dépistés à temps sont guéris à 100 pour 100. Alors pourquoi cette attitude nihiliste face aux vérités du cancer ?

Certes, le cancer est encore mal maîtrisé. Je ne méconnais pas le drame de nos échecs, quand cessant de regarder les statistiques encourageantes je me tourne vers le désarroi individuel des malades, de leur famille, des infirmières et des médecins. Mais je voudrais que nous rejetions cette peur que notre société sécrète et entretient, pour oser dire, en paraphrasant J.-P. Sartre . « Nous sommes seuls avec ce grand ciel vide au-dessus de nos têtes, mais il y a la guerre à faire, et nous la ferons. »

Depuis vingt-cinq ans, nous avons fait des progrès considérables, il faut entamer des campagnes nouvelles sur un thème différent : « Où en est le cancer...? » C'est encore resté une maladie mortelle, mais il le devient de moins en moins. D'une part, on a trouvé des thérapeutiques valables, d'autre part un système de dépistage efficace a été mis au point. Développer l'information sur le dépistage serait le nouveau rôle des médias, en présentant les centres anti-cancéreux non pas comme des centres de mort mais comme des centres d'espoir.

Première réaction : au moindre doute, consulter un cancérologue. Cette démarche ne met pas en doute la compétence du généraliste, mais faire appel à un spécialiste correspond à une décision plus élaborée. Aurait-on l'idée d'aller chez un ébéniste commander un violon quand on sait qu'un luthier en connaît tous les secrets?

Cette appréhension du malade concernant la prévention, et le cancer en général, provient sans doute des médias mais peut aussi prendre source dans l'incompréhension, voire le désarroi des médecins face à une maladie qu'ils ne peuvent dominer.

Certaines victimes du cancer meurent sans que nous connaissions l'origine de la lésion primitive. Malgré les progrès de l'électronique et de l'atome, des tumeurs échappent à notre expérience; même les scanners, qui détectent les tumeurs à un stade infraradiologique, ne sont pas infaillibles : l'« infiniment »-plus-petit existe toujours et c'est déroutant...

Cependant malgré nos échecs, malgré nos erreurs, nous avançons continuellement vers une meilleure compréhension du phénomène, donc vers de plus grandes possibilités de guérisons. Cette marche est progressive et lente, car la vie de l'homme est en jeu et, à chaque étape, une nouvelle découverte doit être testée avec précision avant de devenir valable pour les thérapeutiques usuelles; il faut être patient, cette patience sera récompensée. Déjà on retourne avec plus de précision les cartes du cancer, chaque jour on découvre des notions nouvelles liées à des origines génétiques, chromosomiques, régionales ou familiales.

A force d'observation, on trouvera sans doute la solution. Le hasard précipitera peut-être l'ordre des choses, comme pour la découverte de la radioactivité... Evidemment le hasard est lui-même provoqué par les recherches scientifiques, mais il tient une part non négligeable dans toute action humaine. Il intervient aussi dans la guérison du malade; on voit des cas que les médecins appellent « sans espoir » et qui guérissent pourtant à la suite d'une thérapeutique donnée sans grande sûreté.

Ces cas étonnants ne sont pas une réponse à l'ignorance des médecins; ils ne sauront jamais les raisons de ce rétablissement imprévu; mais cette note positive les encourage à chercher plus loin, preuve vivante que la mort n'est pas inéluctable.

Un jeune garçon, que j'avais reçu dans mon service, présentait une tumeur du front. Je la lui retire et envoie la coupe à l'analyse. Les résultats sont dramatiques, c'est une tumeur maligne; il semble perdu, et n'a peut-être plus que quelques mois à vivre. Il n'a pas quinze ans. Que faire? Nous l'avons opéré une nouvelle fois. De nombreux chercheurs se sont penchés sur cette deuxième coupe, mais les avis étaient partagés, pour la plupart pessimistes. Pourtant le jeune malade n'a jamais récidivé. Belle victoire de la nature sur la science!

Devant ces faits, ne devons-nous pas réduire notre angoisse? Le cancer est encore mortel, il y a de nombreuses rechutes; mais il y a aussi les guérisons dont on ne parle pas, qui existent et qu'il ne faut pas oublier. Les guérisons incertaines d'aujourd'hui seront nos certitudes de demain. Donc, en attendant, la guerre continue, positive et efficace. Le temps corrige beaucoup d'erreurs.

Le cancer n'est pas un monstre que la science apprivoise mais une maladie dont on détermine, petit à petit, les origines et les conséquences. La victoire est au bout de notre croyance, il ne faut donc pas y renoncer. Car, en fait, le mal du siècle ce n'est pas le cancer, mais c'est l'abdication : c'est l'homme qui a perdu l'espoir.

L'APPRENTI SORCIER

LA vie est un éternel recommencement... Je le vérifiais à mon actif, en comparant la démarche que j'avais effectuée en rentrant de Thaïlande et celle que j'avais menée cinq ans auparavant, lorsque fatiguée par de longues années d'un travail passionnant mais très éprouvant dans un Centre de Cancérologie, je décidais, sur un coup de tête, de tout abandonner pour ouvrir un cabinet de chirurgie esthétique.

Lorsque j'étais rentrée de Thaïlande et que j'avais repris immédiatement mon métier de chirurgien plasticien à R..., la réadaptation avait été très difficile. En effet, je quittais un monde de réfugiés où la misère est quotidienne, où la chirurgie devient une question de vie ou de mort, pour retrouver, sans transition, l'ambiance aseptisée de la chirurgie plastique. Le mythe humanitaire dans lequel j'avais vécu pendant trois mois s'était heurté à la pierre d'achoppement de la réalité provinciale.

Et si au début les petits ennuis de mes patients me paraissaient superficiels en comparaison de la misère que j'avais côtoyée, très vite je m'étais aperçue que leurs plaintes n'étaient pas futiles et qu'elles avaient autant d'importance que les gémissements d'un combattant qui meurt pour son idéal, car le confort des êtres réside dans la façon qu'ils ont de s'assumer.

De toutes mes épreuves passées : de mon expérience des camps, comme de celle que j'ai vécue dans le Centre anti-cancéreux, je retiens une fourchette d'amour et de compréhension beaucoup plus vaste, en apprenant que la tolérance est notre seule vérité. Tout problème a son importance; personne ne peut juger de la douleur d'autrui. Chirurgie de drame ou chirurgie de luxe, chirurgie de guerre ou chirurgie plastique; il n'y a plus de vrai ou de faux, de bien ou de mal, il y a des gens qui souffrent et que l'on doit aider.

Ces réflexions que mon retour des camps avait soulevées dans mon esprit, je les avais déjà exprimées cinq ans plus tôt, quand mes amis, apprenant que je quittais la cancérologie pour l'esthétique, me disaient, offusqués : « Tu quittes le vrai pour le faux. » « Mais, avais-je répondu, les gens vrais existent partout! »

Qui peut dire : « Cet homme ne souffre pas, il se plaint mais il a tout pour être heureux... »? Personne ne peut savoir ce qui se passe dans la profondeur de l'âme. La réalité n'est souvent qu'apparence.

En transformant cette apparence, l'acte esthétique va modifier la réalité profonde et permettre ainsi à des êtres malheureux de mieux s'assumer. C'est pourquoi la chirurgie esthétique n'est pas une chirurgie superficielle : elle ne rectifie pas seulement le corps mais, beaucoup plus profonde, elle apaise également l'esprit.

Au bout de huit ans de cancérologie, je cherchais une ouverture vers une chirurgie un peu plus joyeuse. Mon travail m'intéressait beaucoup et m'absorbait d'ailleurs complètement, mais je n'arrivais plus à assumer la lourdeur de ma charge. En effet, j'évoluais dans une spécialité qui était psychologiquement et physiquement très dure. Je m'occupais des maladies de la région cervico-faciale et j'étais confrontée quotidiennement à des scènes difficiles provoquées par des problèmes de nutrition impossible et à des phénomènes respiratoires qui impliquaient le plus souvent une trachéotomie. Ne plus pouvoir parler, ne plus pouvoir manger, sinon par l'intermédiaire d'une sonde, est une condition bien triste. J'avais tendance à être déprimée et pour éviter cet écueil, je demandais au directeur du Centre de m'accorder une activité à mi-temps.

Diviser mon temps entre une chirurgie fabuleuse sur le plan humain, le matin, et une chirurgie plus légère et plus gaie l'après-midi, me paraissait la situation idéale.

Malheureusement les lois des Centres anticancéreux limitent le travail à temps partiel. Mes beaux projets s'effondraient. Je désirais partir, mais je pesais ma décision : mettre en balance huit ans d'habitudes et de sécurité avec la perspective d'une belle retraite, contre l'ouverture hypothétique d'un cabinet de chirurgie esthétique, le choix n'était pas évident.

Le sort décida pour moi, en bousculant ma vie, à la suite d'un malentendu qui m'opposa à mon directeur. La conversation s'était envenimée à cause d'une phrase qu'il avait jetée négligemment : « Alors Monique, j'ai appris qu'on disait des choses désagréables à mon propos ! » J'étais bouleversée, car nous nous entendions très bien et je l'admirais dans son comportement et pour toute l'œuvre qu'il avait accomplie dans le Centre, indépendamment de l'aide qu'il avait apportée à mon épanouissement professionnel. Que cet homme que je tenais en si haute estime puisse prêter l'oreille à une médisance et m'enlever sa confiance m'était insupportable!

Ce jour-là je quittai le Centre, jurant de ne plus jamais y revenir.

Le hasard avait précipité un destin que j'étais prête à accepter. Huit ans d'un apostolat passionnel sombraient sous la pression d'un coup de tête dû à une méprise, mais surtout à cause d'une grande lassitude. Une remise en question directe et sans appel qui me caractérise. Chaque phase importante de ma vie est marquée par ces décisions intempestives qui font basculer tout un monde somnolent et routinier. Quel choc pour ma famille et mes amis qui dormaient tranquillement sur l'espoir d'une stabilité définitive!

Affolés par ce changement brutal, ils sonnèrent l'hallali de la médecine libérale : « Lâchez une situation pareille! Passer dans le privé, alors que les charges sont de plus en plus lourdes, sans compter l'incertitude d'une clientèle souvent infidèle : c'est de la folie! Abandonner une telle sécurité alors que tous la recherchent actuellement... » Les reproches étaient nombreux, certains étaient d'ailleurs très judicieux. Car effectivement à l'époque où je décidai de voler de mes propres ailes, s'amorçait un mouvement d'antilibéralisation de la médecine, qui poussait de nombreux médecins à briguer des places dans le secteur public. Évidemment, j'allais à contresens de la mode, mais peu m'importait. Quand mon esprit s'arrête sur un projet, je le réalise totalement. Pourtant les risques étaient nombreux. J'étais une femme chirurgien, et il y a quelques années, surtout en province, c'était un handicap. Ensuite, venant de l'hôpital, il me fallait trouver une clinique, créer une clientèle, sans aucun appui au départ. Ce n'était pas facile, mais la difficulté m'a toujours stimulée.

Je me lançai donc à fonds perdus dans l'aventure libérale.

Le processus de décision étant terminé, devait alors commencer la phase de concrétisation. Mais voilà! La fatigue qui s'était accumulée pendant ces dix dernières années, ajoutée au choc de mon affrontement avec le directeur du Centre, me fit chavirer dans une sorte de léthargie dépressive.

Installée à Paris, chez Jean-Pierre, je passais mes journées à pleurer et à dormir, me laissant porter à la dérive. Sans force et sans réaction, je rêvais de terminer ma vie en robe de nuit et pantoufles de vair. C'était ma façon de fuir la société, de m'écrouler à retardement sous les lourdes responsabilités qui avaient pesé sur mes épaules pendant si longtemps! Je m'étais créé une sorte de philosophie de boudoir où l'idée de m'enfermer à jamais dans une maison de repos luxueuse avec quelqu'un qui s'occuperait entièrement de moi constituait un objectif noble pour une fin honorable.

Mais l'inaction ne correspond pas à mon tempérament. Avec les beaux jours, ma santé se rétablit et mon goût de l'action s'affirme avec véhémence. J'ai déjà perdu beaucoup de temps. Il faut que je reprenne mon avenir en main. Il me manque quelques éléments de technique pour devenir un bon chirurgien plasticien; pour améliorer mes connaissances, je suis les interventions de mes confrères, puis j'opère avec eux afin d'apprendre la meilleure méthode pour refaire des ventres, des seins, des nez... Six mois ont passé, mes forces se sont reconstituées et mes techniques perfectionnées.

En avril 1975, je retourne à R..., et méthodiquement je rends visite à toutes les cliniques de la ville pour découvrir celle qui, enfin, me conviendrait. Mes recherches sont de courte durée : très vite je décèle l'endroit idéal qui m'ouvre grand ses portes. Immédiatement j'y appose ma plaque : « *Monique Brossard-Le Grand chirurgie plastique et esthétique* ». De ces mots symboliques, jaillit ma nouvelle existence.

A l'annonce de mon installation dans le carnet du jour, et avec mon nom dans l'annuaire, les patients sont venus. Mon nom était déjà connu dans la région dans le domaine de la cancérologie. J'avais donc une clientèle potentielle importante, mais insuffisante pour faire tourner un cabinet. Je devais compter sur deux autres facteurs : ceux de la chance et de la volonté. La chance m'a aidée, mais certainement moins que mon acharnement à vouloir, car je savais d'expérience que la réussite n'est jamais gagnée d'avance.

Au bout de trois semaines d'exercice, jouant avec mon destin, je pars en vacances. Le soleil et la mer me manquent. J'ai envie de passer quelques jours, quelque part, n'importe où. Le hasard arbitre en faveur de la Crète. Le directeur de la clinique refuse d'y croire : « Mais enfin madame Brossard-Le Grand, vous plaisantez. Et vos clients ? – Mais, monsieur, justement, pendant mon absence, ils prendront rendez-vous. » Je m'envole donc pour la Crète où je passe six jours merveilleux dans la chaleur et la décontraction. Séjour positif sur le plan professionnel, car je rencontre dans mon hôtel des chirurgiens plasticiens américains de haut niveau qui me communiquent sur la plage certaines techniques de pointe. Mêler l'utile à l'agréable...

A mon retour, mon carnet de rendez-vous est plein, et ma tête bouillonne de connaissances originales, issues tout droit de Boston. Heureuse et reposée, je m'apprête à découvrir les secrets de mon nouveau métier.

La chirurgie esthétique me fascine, car elle a pour objet la beauté humaine. Perfectionner l'œuvre de la nature est une mission merveilleuse, mais presque sacrilège, qui transforme le chirurgien plasticien en apprenti sorcier.

Autrefois, personne n'aurait osé toucher profondément à la beauté de l'homme. C'était une créature de Dieu, sacrée et exempte d'imperfection. Bien sûr, de tout temps, les hommes et les femmes ont cherché à se mettre en valeur par des artifices de toutes sortes : parfums, onguents, bijoux... Mais ils n'auraient jamais pensé à modifier leur corps. Avec la libéralisation des mœurs et des esprits, avec les progrès et les audaces de la science, on tente l'impossible, on manipule jusqu'aux gênes. Alors pourquoi ne pas effacer les traces d'une mutilation par la chirurgie réparatrice et ne pas user de la baguette magique de la chirurgie esthétique pour effacer le laid et faire apparaître le beau?

Illusion du miracle esthétique qui peut être dangereuse si elle est mal comprise. Car la chirurgie plastique, qui modèle les formes du corps, ne peut s'attaquer aux malformations de l'âme. Si le conflit est d'origine psychologique, il se maintiendra malgré la disparition des disgrâces physiques. Notre domaine est celui des contours de l'organisme humain. Techniciens de la carrosserie, le moteur nous échappe. Quand le mal déborde les contours pour contaminer l'âme, notre rôle est faussé.

Résoudre le faux problème et rétablir la vérité en évitant l'interventionnisme forcené constitue certainement le rôle primordial du plasticien. De nombreuses clientes viennent me voir pour des raisons qui ne concernent pas des malformations physiques. Mal dans leur peau, elles orientent leurs difficultés morales sur un domaine plus concret, donc plus facile à appréhender. Les femmes de cinquante ans ou moins qui prennent rendez-vous pour subir des *liftings* n'en ont pas toujours besoin. Par ce biais, beaucoup espèrent récupérer un mari infidèle. Malheureusement, pour lutter contre une rivale de vingt-cinq ans, cet artifice est inutile! Je leur explique alors : « A mon avis, c'est le dernier moyen à utiliser pour reconquérir votre mari, c'est une arme de défense trop grossière. Faites-le pour avoir confiance en vous et pour vous redonner le goût de vivre, mais n'en attendez pas autre chose. Vos atouts sont ailleurs, dans les souvenirs communs, dans les enfants que vous avez eus ensemble. » Une femme de cinquante ans a beaucoup d'éléments à sa disposition pour lutter contre une femme plus jeune. L'expérience et le charme sont d'excellents tremplins pour se mettre en valeur et retenir un mari attiré par d'autres horizons.

Ainsi l'action du plasticien doit-elle être motivée par ce principe essentiel qui est d'éviter les fausses solutions qui rendent la réalité encore plus douloureuse; car l'origine d'une intervention ne réside pas seulement dans l'amélioration de la beauté plastique, mais également dans la recherche complexe du bonheur.

En chirurgie esthétique, il est donc essentiel d'établir avec ses malades des rapports de confiance et d'amitié. Une approche plus humaine permet d'éviter les complications psychologiques qui existent avant, ou qui naissent après une intervention. Faire admettre au sujet que l'imperfection est une réalité humaine et non pas une perversité de la nature. Actuellement nous sommes tellement sollicités par un matraquage des médias, qui assimilent normalité et beauté, réussite sociale et perfection physique, que nous imposons le moule commercial de ces créatures de rêve qui apparaissent sur l'écran de nos désirs. La confrontation de ce stéréotype avec notre propre image engendre des complexes souvent tragiques, car celui qui ne répond pas aux critères de la société se sent complètement rejeté.

Tels les merles noirs qui refusent le merle blanc parce qu'il ne correspond pas aux normes de leur clan, la société des hommes renie celui qui se distingue. Or la beauté des êtres n'est jamais absolue, mais toujours relative. Elle se ride avec le temps, s'éclaire dans un instant, et se renouvelle éternellement dans le regard des autres. Cachée derrière les masques de la société, ou étouffée par les *a priori* de la pitié, elle évolue avec l'histoire des hommes. L'idéal esthétique se transforme à travers les siècles et se modifie dans la pression des images culturelles. Mouvante et impalpable, la beauté humaine s'épanouit dans la liberté, non pas dans un carcan de règlements figés.

Cette prison de formes que notre civilisation a construite doit être repensée, car l'anatomie à la mode n'est pas toujours conforme à la réalité physique. Dans ce cas, la chirurgie esthétique ne peut rien dans la mesure où son but est de remodeler certaines formes et non de recréer le corps humain dans sa totalité. L'apprenti sorcier facilitera la réintégration sociale des marginaux de la beauté, mais il ne pourra jamais faire d'un mythe une réalité.

J'essaie de placer ma clientèle face à cette vérité, afin d'éviter des déceptions dramatiques.

En effet, l'imagination qui est un facteur essentiel dans la prise de décision esthétique est une donnée à la fois positive et dangereuse. Positive, puisqu'elle force le patient hors de ses habitudes, dangereuse car elle le transporte dans un monde de perfection qui échappe aux lois naturelles. Souvent, des hommes ou des femmes au cours d'un rendez-vous me demandent de refaire leur nez ou leur bouche en fonction d'une photo ou d'une gravure qu'ils apportent avec eux. Ils pensent qu'en modifiant une partie de leur visage ils réapparaîtront sous les traits du modèle tant envié. Malheureusement un visage n'est pas une accumulation d'éléments disparates, mais c'est une harmonie de couleurs et de formes qui se fond dans un ovale qui est unique et spécifique à chaque individu. Aucune intervention ne pourra transformer une petite fille aux joues pleines en une créature éthérée.

La chirurgie plastique a pour but d'embellir les formes, mais elle doit également les adapter au milieu ambiant afin de recréer une nouvelle harmonie. Cette recherche de proportions est pour moi essentielle et souvent je refuse de pratiquer une opération si les exigences de mes clients ne correspondent pas à ces critères fondamentaux. Notamment, je n'accepte jamais de suivre le schéma classique du petit nez retroussé des années 50. Ces nez « dans lesquels il pleut » me paraissent totalement dépourvus de personnalité, et j'estime de mon devoir de prévenir mes malades contre leur souhait qui aurait pour conséquence de détruire l'équilibre de leur visage. Comme il est difficile de convaincre une personne qui a déjà arrêté sa décision, je procède alors à l'intervention, mais en réduisant le moins possible. En effet, seul Pinocchio a su jusqu'à maintenant diminuer ou rallonger son nez au gré de ses fantasmes.

Dans l'ensemble, je respecte le désir de mes

clientes, mais j'essaie honnêtement de leur fournir les éléments indispensables pour une réflexion judicieuse. Une intervention laisse des traces dont il faut mesurer l'importance. Mettre en valeur les méfaits d'une cicatrice contre la perfection d'une forme : est-il préférable de supporter des seins légèrement tombants plutôt que des marques qui, selon les types de peaux, ne disparaissent jamais? Le choix n'est pas toujours évident et je place mes clientes devant leurs responsabilités afin qu'elles prennent leur décision en toutes connaissances de cause. A elles de décider. Possédant toutes les données, elles sont les seules concernées. A chacune de trouver sa propre réponse, car cette réponse est son salut.

Parfois, je prends des positions plus poussées en donnant mon avis. Je pèse le pour et le contre avec mes interlocuteurs en les aidant de mon expérience chirurgicale.

Ces premiers entretiens sont pour moi essentiels. Je reçois mes patients dans mon cabinet auquel j'ai donné une atmosphère suffisamment intime pour que nos conversations soient détendues et franches. On m'interroge souvent sur telle ou telle partie d'un visage ou d'un corps. Les gens ne sont pas sûrs d'eux ni de leur aspect physique. Il suffit de quelques mots pour leur redonner confiance. Prendre le temps de parler nous dispense de beaucoup d'erreurs. Je prolonge parfois mes rendez-vous au risque de faire attendre les autres. Gagner un quart d'heure sur la détresse d'un être mérite de bousculer un programme trop rigide.

Beaucoup de personnes qui s'adressent à moi se croient laides, et mon jugement de chirurgien les rassure.

Un jour, une femme est venue pour faire refaire

sa bouche : « Je ris triste », me dit-elle. Je la regarde et ne discerne rien d'anormal. Je lui propose de rire devant un miroir, pendant que mon crayon dermatologique suit les traits de sa bouche. Pour elle, rire triste c'est avoir un mouvement de lèvres en accent circonflexe. Avec le crayon, je marque deux traits qui sont parfaitement horizontaux. Ma démonstration ne la convainc pas. J'effectue un nouvel essai en prenant ma bouche comme exemple : mes traits sont également horizontaux. « Comment trouvez-vous mon rire? – Oh! très bien, docteur, j'aimerais que le mien lui ressemble. – Madame, soyons logiques, votre bouche prend exactement la même forme que la mienne quand vous souriez. » Il était donc inutile d'opérer cette femme. Mon raisonnement l'avait finalement rassurée, et je lui évitai ainsi de se compliquer la vie pour une fixation absurde. En partant, elle se sentit mieux, et j'étais moi-même heureuse d'avoir participé à cette amélioration. Pour parfaire notre complicité, nous nous sommes séparées dans les méandres d'un large sourire.

Ma persuasion est toujours restrictive dans la mesure où je n'opère environ que les deux tiers de mes patients. C'est peut-être moins rentable, mais c'est plus sécurisant.

Le danger de la chirurgie plastique réside dans ce choix difficile entre le désir du sujet et le résultat pressenti. Car une intervention en esthétique n'est pas la conséquence obligatoire d'une maladie mais provient de la volonté spécifique du malade. C'est une chirurgie qui s'attaque à des être sains, qui provoquent d'eux-mêmes leur propre opération, et qui, de ce fait, ne supportent aucune imperfection. En cancérologie, c'est une question de vie ou de mort, il n'y a pas de ratage esthétique. Dans le domaine plastique, créer un petit pli anormal sur un sein ou produire des boursouflures définitives sur un visage prend l'allure d'un drame. Se mutiler par une décision qui ne concerne que soi conduit à des effets psychologiques souvent terribles.

J'expose toujours les limites de mon art pour éviter ces situations de crise. En matière de prothèse mammaire, par exemple, je décris exactement les symptômes artificiels que produit une palpation sur le sein préfabriqué. « A cause du contenu de votre prothèse, votre poitrine, au toucher, pourra devenir dure et n'aura donc pas les réactions d'un sein normal. » Forte de ces explications, la patiente admet mieux les petits défauts de nos techniques. L'essentiel est de faire comprendre que l'acte esthétique ne s'effectue pas à l'aide d'une baguette magique, mais avec un bistouri qui coupe et laisse des marques. Le chirurgien plasticien devient, aux yeux d'une clientèle mal informée, une sorte d'enchanteur qui, à la suite d'une élucubration savante, efface les méfaits de la nature ou du temps, sans effort et pour toujours. Je préviens mes malades contre ce mythe : « Méfiez-vous, je ne suis pas une magicienne, je n'ai pas de baguette mais uniquement un bistouri qui provoquera des cicatrices. Ces cicatrices seront plus ou moins visibles selon la qualité de votre peau; elles disparaîtront plus ou moins vite, mais n'oubliez pas qu'elles existent! »

Beaucoup n'ont pas conscience de cette période intermédiaire où le corps se donne les moyens de cacher ses blessures.

Comme en architecture où le profane s'imagine qu'il suffit d'abattre une cloison pour agrandir une pièce, en oubliant que cette cloison peut être un mur porteur, l'ignorance des techniques esthétiques pousse les gens à simplifier un domaine pourtant très complexe. Mes clientes arrivent dans ma salle de consultation en se tirant la peau sur chaque côté du visage, puis tournées vers moi, elles m'annoncent : « Voilà, quand je serai comme ça, j'aurai dix ans de moins. » Effectivement, elles paraissaient dix ans de moins pour un instant; moi je rajeunirai peut-être pour une période plus longue, mais d'une façon moins spectaculaire. La peau ne peut se maintenir tirée à l'extrême, elle a besoin de souplesse. Mon action atténuera les rides, j'enlèverai de la peau, je ferai des sutures dans le cuir chevelu, mais le visage n'aura pas, Dieu merci, cet aspect figé que leur geste reproduit.

Mes démonstrations ne s'arrêtent pas là. Je dois également prouver que ce qui est bon pour les uns peut être mauvais pour les autres. En effet, ma clientèle s'est établie en grande partie de bouche à oreille. On se décide à la suite d'une recommandation d'une sœur, d'une amie... Or ces sœurs ou ces amies, qui ont réagi d'une excellente façon à mon intervention, n'offrent pas les mêmes qualités physiques que mes nouvelles recrues. La prudence inspire mes propos, car s'il est un domaine qui nous est inconnu, c'est certainement celui des réactions intimes de l'organisme. Chaque peau a son secret. Chaque individu a une identité qui se reflète sur ses seins, son ventre, la qualité de sa peau. Comme ces femmes qui me demandent de refaire leur poitrine en fonction d'un modèle de pierre, je leur réponds que les seins d'une statue, durs et immobiles, ne pourront jamais être reproduits sur un corps fait de chair, de glandes et de sang. La spécificité de la matière empêche l'identification. Chaque être est unique; c'est à la fois sa force et sa faiblesse. Replacez une forme similaire dans un complexe différent et le résultat est tout autre! Malgré ces précautions, les déceptions sont inévitables; le rêve l'emporte sur la réalité et le choc est alors très dur. Pour les nez, les réactions sont très violentes. La peur inconsciente de perdre sa personnalité, alliée à la désillusion de ne pas retrouver le visage tant imaginé, provoque des enthousiasmes fous ou des désespoirs amers... Et s'ils sont amers, je rassure mes patientes en leur affirmant que leur visage s'est embelli : « C'est très bien, vous verrez, le temps calmera vos doutes. » Parfois mon opinion les réconforte; dans d'autres cas, le désenchantement demeure. Déçues ou résignées, elles mettront de longs mois à se remettre de leur drame et à s'habituer à un visage qui leur semble étranger. En fait, ce n'est pas leur nez qu'elles refusent, puisqu'il ressemble exactement au stéréotype convoité, mais c'est la vérité, qui n'est jamais facile à accepter.

La chirurgie esthétique cependant n'a pas perpétuellement cet aspect tragique, bien au contraire. C'est une chirurgie qui ouvre des horizons nouveaux à des gens qui se sentent mal dans leur peau. Elle libère les complexes en créant la beauté, elle apporte à ceux qui la subissent, comme à ceux qui la pratiquent, une joie de vivre insoupçonnée.

Je rends mes patients heureux, et leur bonheur se transmet jusqu'à moi et à tous ceux qui nous entourent. Il y a des moments merveilleux, lorsque, les pansements une fois enlevés, les formes remodelées apparaissent dans toute leur beauté. Je me souviens de cet instant merveilleux où une jeune fille de dix-sept ans, humiliée par une poitrine énorme, a pu porter pour la première fois un soutien-gorge de taille standard. Elle pleurait en recevant le reflet d'un corps proportionné.

C'est un véritable enfer pour certaines femmes de traîner des seins d'un kilo et demi; et ce n'était pas futile de les réduire à quatre cent cinquante grammes! Quand je procède à ce genre d'intervention, je leur demande d'acheter auparavant un soutien-gorge de taille moyenne. Elles se récrient : « Mais je n'arriverai jamais à le mettre. » Pour une fois leur imagination ne déborde pas mes possibilités techniques! Finalement elles me font confiance, heureuses de ne plus subir leur fardeau, et je leur explique comment je vois leur future poitrine : « Laisser deux melons, ce serait affreux; deux citrons ce n'est pas assez, disons que deux bonnes oranges, ce n'est pas mal. » Car le volume doit toujours être adapté au corps. Certaines sont irréalistes et veulent passer d'une poitrine démesurée à « deux œufs sur le plat ». Je les préviens qu'à la suite d'une maternité, leurs seins réduits fondront encore, pour disparaître complètement : « Ce serait un comble, qu'ayant trop de seins à dix-sept ans, nous soyons obligés de vous mettre une prothèse à la trentaine! » La plupart respectent mes proportions, et lorsque je retire leurs pansements le quatrième jour, elles rayonnent de bonheur à l'idée d'être redevenues normales.

Cependant, certaines patientes, très motivées, qui pensent tous les jours à leur problème, ne sauront que faire de mes conseils. Si je n'accepte pas de les opérer, dans ce cas elles s'adresseront à quelqu'un d'autre. Après tout, je ne suis moi-même que le quatrième ou cinquième chirurgien qu'elles ont sur leur liste! Comme elles estiment qu'à un acte correspond une prestation, tout en réglant leur consultation, elles pensent déjà au prochain praticien auquel elles feront appel.

Chaque individu a une conception personnelle de son métier, des obligations qu'il entraîne et des devoirs qu'il impose. Certains de mes confrères jugent plus important de réaliser le souhait du malade, plutôt que d'anticiper sur son confort moral. Pour eux, toute personne adulte est maître de sa décision, donc seule responsable de son choix. Cette éthique est honorable, si toutefois le respect de l'autre n'est pas un artifice facile pour en abuser.

Mes propres préoccupations professionnelles sont d'un ordre particulier. A cinquante ans, je ne désire plus faire carrière, je suis satisfaite de ma situation. Ce qui m'attire dans mon nouveau métier c'est, outre l'intérêt des techniques esthétiques, l'enrichissement humain que je découvre chaque jour. Participer à l'embellissement d'un être, créer autour de soi une joie de vivre réconfortante, justifient mon action. J'aime ces dialogues empreints de confiance où j'oriente, aide, soutiens mes clients dans leur choix difficile. Ces contacts humains sont d'autant plus intéressants qu'ils sont extrêmement variés. Je m'efforce de rester fidèle à une éthique personnelle qui est celle d'aider tout le monde. Je travaille donc dans une clinique conventionnée, qui permet, grâce à certaines prises en charge et des dépassements modérés, de mettre la chirurgie esthétique à la portée de milieux très différents et jusque-là défavorisés. Je veux évoluer vers une chirurgie plastique plus démocratique où le fait d'être pauvre n'enlève pas le droit d'être beau.

Ma clientèle est donc très hétéroclite, en majorité composée de femmes dont l'éventail d'âge et de moyens est très large. Celles qui économisent pendant des années pour pouvoir accéder enfin à une chirurgie qui leur était autrefois inaccessible sont souvent moins exigeantes que des femmes pour lesquelles l'intervention esthétique est à la limite du passe-temps. En général, mondaines ou femmes du peuple, hommes ou femmes, jeunes ou vieux, chaque individu perd sa spécificité dès que la décision d'opérer est prise. Seul reste face à moi un malade avec ses rêves et ses douleurs.

Je m'occupe beaucoup de mes malades avant et pendant leur passage en clinique. Je fais moi-même les pansements avec Nicole, mon infirmière, qui m'a suivie lorsque j'ai quitté le Centre de cancérologie. Nous formons un tandem efficace, chacune connaissant les habitudes de l'autre, et toutes deux motivées par la même passion médicale. Souvent elle me remplace auprès des malades pour les vérifications quotidiennes car j'ai moi-même un programme très chargé. Une fois par semaine, j'opère à l'hôpital, où j'ai un poste de vacataire en chirurgie dermatologique. Ces jours-là, c'est une véritable course contre la montre. Les opérations commencent en clinique le matin vers huit heures, et se terminent en début d'après-midi. Je me précipite ensuite à l'hôpital : à deux heures, je rentre au bloc; à quatre heures, je repars. Le temps de prendre un thé, de me changer et de me recoiffer, je rejoins à nouveau mon cabinet pour quatre longues heures de consultations.

Cette vie trépidante me passionne. J'adore retrouver chaque matin l'ambiance presque familiale de ma clinique d'adoption. Le directeur et sa femme sont des gens adorables pour lesquels j'ai une amitié profonde, le personnel est compétent et dévoué. Il règne dans la maison l'atmosphère feutrée et chaleureuse des vieilles demeures bourgeoises.

En général, je passe directement au bloc opératoire, et, sauf le vendredi, je termine la matinée avec les visites de contrôle. Mon programme de travail évolue en dents de scie, suivant inconsciemment le rythme de mes humeurs. Le lundi est un jour d'acharnement; le mardi se divise entre un peu de détente le matin et beaucoup de tension l'après-midi. En fin de soirée, je pars pour Paris, jetant pêle-mêle dans une voiture, impatiente, mes paquets, mon chien et ma fatigue du jour. Le mercredi je me repose, je fais du sport et je reprends des forces pour le jeudi qui est une journée surchargée. Avec le vendredi après-midi arrive ma délivrance. Comme par enchantement, après avoir franchi la grille du parc, mes soucis s'envolent et je savoure pendant quelques instants le délice de l'inaction. Puis, à pied ou en voiture, je retrouve mon appartement où je prépare hâtivement mes affaires, et avant de partir, je vais embrasser maman.

Maman, toujours là, pour le meilleur et pour le pire, le pire ayant été quelquefois une présence envahissante. Femme exceptionnelle, elle a régné sur ma vie comme une duègne sur une infante. Elle m'appelait sa boule de cristal, sa fille du soleil, et pourtant ce cristal avait bien des imperfections : elle en avait aussi. Je lui vouais cependant une dévotion filiale excessive qui a souvent désorienté ma vie.

A quatre-vingt-cinq ans, elle avait quitté sa belle maison de Bordeaux pour venir auprès de moi, au moment où je me suis installée en ville. Nous avons partagé l'appartement pendant un an, mais je rentrais souvent tard le soir et cette solitude normande lui pesait trop. Cette femme du Sud-Ouest avait besoin d'un public pour assouvir sa volubilité et elle avait souhaité entrer dans une maison de retraite; le hasard a voulu qu'un centre de troisième âge s'ouvrît en face de ma porte. Elle y entra. Au début, cette jolie mère aux cheveux d'argent, habituée aux grands espaces, ressemblait à un oiseau sauvage brutalement mis en cage. Elle se perdait dans les couloirs, dans les étages, mais, par sa verve, elle enchantait son entourage. Bientôt apprivoisée, elle avait une cour de vieilles dames admiratives. Elle me confiait : « Tu sais, les Normandes ne sont pas gaies, elles se plaignent toujours. Il faut dire qu'elles ont raison; ce ciel éternellement gris et cette cuisine à la crème, ça manque de piquant. » Et justement, pour ajouter à ce piquant qu'elle regrettait tant, elle assaisonnait tous ses aliments avec une sauce forte qu'elle ne manquait pas de me réclamer.

Nous passions parfois nos soirées ensemble, sauf le mardi et les week-ends quand j'allais à Paris.

Car en dehors de ma mère et de mon travail, la vie en province m'ennuie. Depuis mon divorce, on ne m'invite plus ou très peu. Avec l'ouverture de mon cabinet, mes anciens amis sont devenus plus ouverts, mais je leur pardonne difficilement l'abandon des premières heures. La partie affective de mon existence s'est déplacée à Paris; R... représente seulement mon « gagne-pain ». Le soir, quand je suis seule dans mon appartement, j'étouffe dans le vide de ces pièces sans âme. Ma chambre est mon unique refuge. Petite et confortable, elle me protège contre la froideur d'un salon inhabité ou de la tristesse d'un coin bibliothèque inutilisé. L'angoisse de la solitude, la terreur de l'abandon : je rêve de retrouver la chaleur moite de mes chambres d'hôpital.

Mes succès professionnels comblent le vide de mes errances affectives. En dehors des satisfactions purement humaines qui naissent de mes bonnes relations avec mes patients, je goûte également au plaisir du travail bien fait. Comme pour une œuvre d'art, le plasticien opère sur une matière pour affiner les formes, remodeler les contours, pour corriger, réparer ou reconstruire. La chirurgie esthétique est avant tout correctrice, puisqu'elle cherche à remédier aux anomalies de développement, aux défauts de texture ou de contours, aux déformations de la maternité ou de l'âge, pour « réparer des ans l'irréparable outrage ». Elle peut également devenir réparatrice en remettant à l'état normal des structures déformées, distordues, des plaies mal cicatrisées ou ulcérées. Elle est enfin reconstructrice, en se donnant pour but de bâtir complémentairement un organe absent ou détruit par la maladie ou la chirurgie.

Car la chirurgie esthétique doit s'entendre de façon non limitative; elle n'est pas seulement réservée à des sujets sains dont l'imperfection motivant l'acte chirurgical n'est pas la conséquence d'une maladie ou d'une malformation, elle déborde ce cadre pour atteindre et effacer certaines anomalies congénitales ou accidentelles.

Certes la préoccupation esthétique reste prédominante en chirurgie plastique, mais elle ne se contente pas de gommer superficiellement une apparence imparfaite, liée à une rigueur scientifique absolue, la mise au point de la méthode plastique forme une synthèse de techniques chirurgicales très éprouvées.

Toute intervention est difficile et dangereuse. En esthétique, elles sont souvent délicates et font appel à une grande habileté. Recréer des formes belles est une aventure fascinante, mais terriblement risquée. Les plasticiens en sont bien conscients.

Avant d'opérer, on effectue des examens systématiques pour éviter toute complication anesthésique; on prend des photos à partir desquelles un dessin est préétabli, qui sera le modèle du chirurgien pendant son intervention. Puis on opère : le malade généralement est allongé, mais pour des réfections de seins, il est endormi installé en position demi-assise. Cette posture permet d'avoir une meilleure vision du sein quand il sera terminé. Personnellement, je préfère que le malade soit étendu. Recréer une poitrine est une tâche à la fois plaisante et très complexe. C'est très beau de voir un sein se gonfler, s'épanouir dans un galbe parfait, pendant que l'exemple originel affaissé et plissé attend patiemment d'être lui-même remodelé. Quand je m'attaque au deuxième sein, j'appelle ça « Changer de crémerie! » Quelle sensation d'efficacité quand les deux seins terminés je compare cette poitrine agressive à l'image décharnée que me renvoie la photo!

Pour opérer, je respecte un patron préalablement réglé sur l'image d'un sein en position verticale. Comme sur un croquis, je coupe la peau en suivant les pointillés. Parfois je dévie du chemin initialement tracé, car aucun schéma n'est parfait. Une peau est plus ou moins élastique, donc pour parfaire le modèle, il faut toujours user de son instinct créatif. Si le sein n'est pas suffisamment ferme, je retire de la peau, mais avec prudence, afin d'éviter une forme trop pointue. L'improvisation est inhérente à toute intervention, car la dernière ne ressemble jamais à la précédente. Tel le domaine artistique, l'œuvre se perfectionne au fur et à mesure de sa création. Étrangement, je n'ai aucun don artistique, pourtant j'aime composer quand j'opère.

En chirurgie, pour combler un trou quand il manque de la peau, il faut en chercher à proximité ou sur certaines autres parties du corps. Soit on effectue une greffe libre, en prenant un morceau sur la cuisse, sur le bas du ventre, derrière l'oreille, soit on utilise un lambeau du voisinage. Découper des grands lambeaux de rotation nécessite une certaine rigueur et un peu d'imagination. La peau est un élément qui m'inspire et je travaille avec plaisir. Jeune fille, j'étais nulle en couture; or, pour recoudre de la chair, je suis d'une minutie qui m'étonne moi-même. Souvent nous travaillons à deux pour trouver une idée. Mon infirmière qui est avant tout ma collaboratrice me donne son avis. Une fois le sein bâti, elle considère la forme et me transmet ses impressions.

Si le sein est trop important encore, je découds et retire cinquante grammes de plus. Le poids d'un sein se calcule à la balance. La graisse et la glande se pèsent en grammes ou en kilogrammes! Avec l'habitude, le volume se détermine à l'œil, et le poids se sent à la main. Comme à la criée, j'annonce : « Quatre cent cinquante grammes! » Et je me trompe rarement. Si les seins sont inégaux, j'enlève cent grammes de plus d'un côté. C'est dangereux car on se laisse emporter par son bistouri, on coupe, on coupe... surtout savoir s'arrêter à temps, palper puis jauger pour que le sein soit exactement semblable à l'autre. Quand la poitrine est trop lourde, la balance du bloc n'est pas assez grande, il faut aller peser ailleurs.

Enfin, si la taille idéale est atteinte, je rebâtis soit seule, soit avec Nicole. A l'aide d'une aiguille recourbée et d'un fil très fin, on coud au surjet ou selon les points adaptés à l'organe. Pour le mamelon, ce sont des points séparés cousus à l'intérieur en un surjet intradermique. Les techniques et les points se déterminent en fonction de chaque patiente, de chaque région du corps ou de chaque chirurgien. Certaines peaux nécessitent des points spécifiques pour empêcher la formation de cicatrices; d'autres au contraire sont moins sensibles. Le matériel doit s'adapter au matériau!

Parfois des retouches sont indispensables. Comme pour les vêtements nouvellement confectionnés, il faut prévoir quelques rajustements. Je prépare mes malades à accepter ces petits défauts, qui disparaissent soit avec le temps, soit à la suite d'une intervention minime.

En esthétique, le travail doit être extrêmement précis, car l'erreur est impardonnable : elle pourrait déformer un sujet sain dont l'opération initiale ne se justifie par aucune affection. Au contraire, la chirurgie réparatrice traite de malformations ou de déformations qui nécessitent obligatoirement une intervention. Dans le cas où réparer est indispensable, l'aspect esthétique suit, mais n'est pas déterminant. A la suite d'un accident de voiture, un blessé passe par différentes phases d'intervention. La première se situe au niveau de la réparation pure : rétablir la forme d'un visage. Puis la deuxième phase consiste à affiner le travail de la première en atténuant les cicatrices... Chirurgie esthétique et réparatrice sont alors complémentaires.

L'attrait de la chirurgie plastique réside dans cette faculté de rebâtir un corps et de poncer ses formes pour redonner aux gens l'espoir de plaire. Une double motivation qui est très satisfaisante, mais qui réclame des qualités différentes. Réparer de gros dégâts est plus long et plus compliqué que d'arranger un joli visage : il faut de l'endurance, car les interventions sont parfois interminables.

Tels un horloger patient et minutieux, le chirurgien coud les milliers d'empreintes qui déchirent un visage projeté dans un pare-brise. Pour cinq centimètres de cicatrice, il compte parfois une heure de concentration. Découper les tissus durs, gratter la sclérose qui se trouve dans le derme, trouver les plans sains, choisir les fils : ce sont des opérations qui, selon les dégâts, durent plusieurs heures! Mais quelle satisfaction de voir dans un résultat immédiat les fruits de son labeur. Puis l'amélioration se fait avec le temps qui efface les cicatrices les plus visibles jusqu'au moment où le plasticien interviendra pour que les marques de la chirurgie réparatrice disparaissent presque complètement.

Une intervention esthétique est d'autant plus réussie qu'elle ne laisse pas de traces. Elle doit se confondre avec la nature. Un nez refait est joli s'il est naturel et la valeur du succès se souligne par cette marque, étonnamment réconfortante pour le chirurgien, quand son opéré s'écrie : « Mais ça ne se voit pas! » Plus notre travail est invisible, mieux il est apprécié. L'inaperçu est la rançon de la gloire esthétique!

Pourquoi cette invisibilité dans l'acte esthétique? Parce que le malade a honte de recourir à une chirurgie qui reste entachée de vieux tabous religieux ou qui représente un constat d'échec pour celui qui y a recours. Refaire une partie de son corps peut être ressenti comme une dégradation par celui qui le fait vis-à-vis de ceux qui n'en éprouvent pas le besoin. La vérité dans ce domaine évalue la qualité de la beauté. Admettre que l'on souffre de son apparence est un aveu tragique.

Cependant les mœurs évoluent, la chirurgie esthétique se démocratise et la loi du nombre transforme les mentalités. Mieux acceptée, elle s'ouvre à des couches sociales plus variées, des tranches d'âge plus larges et aux deux sexes. Chaque être réagit profondément à l'image qu'il reçoit de lui-même.

Longtemps monopolisée par les femmes, la chirurgie plastique trouve désormais des adeptes parmi les hommes. Ma clientèle, en majorité composée de femmes, se gonfle d'un apport masculin de plus en plus important. Autrefois la virilité ne s'accommodait pas avec le mythe esthétique; de nos jours, les symboles ont changé, et, si la virilité signifie confiance en soi, la chirurgie esthétique oriente les hommes dans ce sens. Libérés de leurs complexes, ils ont une personnalité d'autant plus ferme.

L'âge n'est pas non plus une objection valable contre le recours à l'acte esthétique. Une dame de soixante-dix ans est venue me voir un jour pour relever sa poitrine. Sans être ridicule, elle y croyait encore. Au départ, je n'étais pas très positive, car la vascularisation est moins bonne chez une femme âgée et l'anesthésie peut s'avérer dangereuse. Cependant elle a tellement insisté que je l'ai opérée malgré des risques même mineurs. Elle avait raison. Sa lutte pour la beauté et la jeunesse me semblait saine : c'était un moyen de mieux accepter sa vie, et par conséquent celle des autres.

Une personne qui souffre d'un complexe d'infériorité en raison d'une disgrâce corporelle rend son entourage malheureux. Déprimée, énervée ou coléreuse, elle ne supporte pas la réalité qui l'entoure. Dès l'instant où sa silhouette se rétablit, où elle se regarde et se plaît, elle s'épanouit et partage sa nouvelle joie de vivre avec les autres.

Le chirurgien plasticien donne l'espoir à ceux qui se rejettent. L'espoir de devenir plus beaux, plus attirants, donc plus aimés et mieux acceptés dans une société dont ils se sentent exclus. Le chirurgien peut, avec la confiance de son patient, transformer l'apparence et offrir en retour une certitude plus agréable à assumer. Il ne doit pas vendre du rêve en outrepassant les principes déontologiques de sa profession, mais au contraire créer une réalité plus facile à appréhender pour le sujet qu'il traite. Point n'est besoin pour cela d'une baguette magique. Il suffit d'un peu de compréhension et de la dextérité de la main de l'homme. Le plus beau miracle c'est l'homme qui l'accomplit en perfectionnant l'œuvre de la nature. Nos connaissances techniques sont les seules limites à notre imagination : elles peuvent encore s'étendre. Mais, déjà, parfaire la beauté d'un être est un acte quasi merveilleux qui nous rapproche de l'illusion de l'apprenti sorcier.

Créer du beau à partir du laid, aller au-delà du beau pour comprendre le vrai, voilà la mission qui m'était impartie et que je tentais d'accomplir dans le respect du travail bien fait.

Cette tâche que j'ai remplie pendant toutes ces années avec amour et honnêteté, j'essaierai de la mener à bien toute ma vie. Hélas! Mes mains ont perdu leur habileté de magicien, elles n'ont plus cette souplesse et cette agilité qui sont indispensables au délicat métier que j'ai choisi.

Pour l'instant l'une d'elles s'est éteinte, recroquevillée comme une feuille d'automne dont la sève se retire. Mais le printemps renaîtra peut-être dans mon corps afin d'apporter jusqu'aux plus fines nervures de mes doigts cette énergie dont j'ai tant besoin et qui a pu, jusqu'au jour de ma maladie, donner aux autres un peu de bien-être et sans doute de l'espoir.

ÉPILOGUE

MON livre se termine. Je suis triste comme quelqu'un qui pressent la fin d'un beau voyage, mais heureuse d'avoir pu accomplir cette mission jusqu'au bout.

Aujourd'hui, à cinquante-quatre ans, après avoir subi une dernière épreuve qui me désespère et me révolte, je ne veux pas abandonner la lutte. Si Dieu me met à l'épreuve, je relève son défi. Non, même la perte de ma main gauche, même l'idée de ne plus jamais pouvoir réopérer ne m'abattront pas.

Je suis fière de ma chair et de mon sang et de cette vie qui m'a si souvent fait souffrir mais que j'aime tant. Dans ce combat pour le bonheur, c'est moi qui gagnerai, j'en suis sûre, je le sais. Nous sommes sur terre pour conquérir la vie le mieux possible et pour soi et pour ceux qui nous entourent... « Car vivre c'est agir, c'est lutter, c'est vibrer et faire vibrer les autres... »

VIVRE C'EST VAINCRE.

TABLE

Préface 7
Prologue 10
Les réfugiés du bout du monde 14
Médecin oui, malade jamais 67
Fille de médecin envers et contre tout 103
Les clochetons de la Grande Fabrique 123
Une double vie 143
La guerre du cancer 172
L'apprenti sorcier 221
Epilogue 248

IMPRIMÉ EN FRANCE PAR BRODARD ET TAUPIN
7, bd Romain-Rolland - Montrouge - Usine de La Flèche.
LIBRAIRIE GÉNÉRALE FRANÇAISE - 14, rue de l'Ancienne-Comédie - Paris.
ISBN : 2 - 253 - 03117 - 8

30/5721/3